数学家的故事

主　　编：陈文梅

副主编：兰　淑　刘春燕　陈文树

编　　委：陶淑蓉　蒋　艳　何小容
　　　　　黄亚林

中国言实出版社

图书在版编目(CIP)数据

数学家的故事 / 陈文梅主编 . –– 北京：中国言实出版社, 2023.9

ISBN 978-7-5171-4557-8

Ⅰ . ①数… Ⅱ . ①陈… Ⅲ . ①数学家－生平事迹－世界－青少年读物Ⅳ . ①K816.11-49

中国国家版本馆 CIP 数据核字 (2023) 第 152606 号

数学家的故事

责任编辑：郭江妮　　邱　　耿
责任校对：王战星

出版发行：中国言实出版社

地　　址：北京市朝阳区北苑路180号加利大厦5号楼105室
邮　　编：100101
编辑部：北京市海淀区花园路6号院B座6层
邮　　编：100088
电　　话：010-64924853（总编室）　　010-64924716（发行部）
网　　址：www.zgyscbs.cn　电子邮箱：zgyscbs@263.net

经　　销：新华书店
印　　刷：河北浩润印刷有限公司
版　　次：2023年9月第1版　　2023年9月第1次印刷
规　　格：710毫米×1000毫米　　1/16　　8印张
字　　数：139千字

定　　价：48.00元
书　　号：ISBN 978-7-5171-4557-8

序言

　　数学是一门不断扩展边界的学科，是关于模式、结构和推理的探索。它是一种思维的艺术，一种寻找真理和表达现实的语言，是解开浩瀚宇宙奥秘的钥匙。而数学家们就像灯塔一样，闪耀着智慧的光芒，指引着我们探索未知的海洋。

　　《数学家的故事》这本书将带领我们踏入数学家们的世界，探索他们的故事、思想、品质和成就。每一位数学家都有着独特的个性和贡献，这不仅深化了数学的基础，推动着数学的发展，也对人类全方位的生活、计算机科学和逻辑学等领域产生深远影响。他们的故事既是关于数学的，更是关于人类思维的辉煌篇章。

　　我们希望每一位小读者通过此书，领略数学家们的智慧：一起与勤学多思的刘徽深研割圆术；与秦九韶观察和记录世界，留下《数书九章》……一起追寻那些凭借对事物的敏锐直觉和不懈努力的前辈的足迹，探索他们对数学发展做出的突破性贡献。本书还将深入挖掘数学家的品德和精神。这些品德塑造了他们在科学领域的行为和态度。通过"品德银行"，我们将介绍这些数学家所具备的美好品质，如坚韧、创新、合作、谦逊等，在了解他们的工作的同时，也能领略到他们的为人处世之道。此外，"能量加油站"和"活学活用"作为拓展延伸栏目，可以帮助大家更好地理解和应用所学内容，扩充知识储备。

　　数学家的故事，是数学史里的美好闪光点。无论你是数学爱好者、学生还是对人类思维的历史和进程感兴趣的人，愿你在《数学家的故事》里，享受这段数学之旅，体会数学与人类命运紧密相连。

康世刚

重庆市教育科学研究院原初等教育研究所所长，博士，研究员，博士后合作导师，重庆市首批"未来教育家"培养对象，重庆市学术技术带头人，教育部基础教育教学指导委员会委员。编写论著 6 部，发表论文 30 多篇，主持省部级课题 6 项，获国家级及市级教学、社科成果奖 7 项。

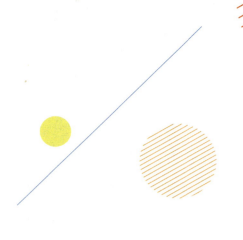

目录

第一篇　中国数学家的故事

第二篇　外国数学家的故事

中国数学家的故事

多才多艺的民间数学家赵爽

赵爽，汉末三国初数学家、天文学家，生平不详。字君卿，东吴人。依记载，赵爽曾研究过东汉张衡关于天文学的著作《灵宪》和刘洪的《乾象历》。约在公元 222 年，赵爽深入研究《周髀算经》，并写了序言及详细注释，其中有 530 余字对《勾股圆方图》的注文，即《勾股圆方图注》，是数学史上具有重要价值的文献。

赵爽在数学上的贡献表现在三大方面：一是列出了一元一次方程的一个求根公式，以及由此证明了根与系数之间存在的关系；二是奠定了重差术的理论基础；三是提出了一种证明勾股定理的简捷方法。由此可见，无论是在具体演算方法还是数学思想方面，赵爽对中国传统数学发展都做出了重要贡献，在世界数学领域具有崇高地位。

赵爽博览群书，尤其喜欢数学和天文学。刘洪的《乾象历》、张衡的《灵宪》，他都做过深入的研究。在他的文章中，也有很多次提到"算术"。不过，他最大的贡献，还是关于《周髀算经》的。

公元 222 年前后，赵爽不仅为《周髀算经》作序，还为全书做了详细的

博学多才

勤奋坚定

创新精神

科学思维

赵爽不仅喜欢数学和天文学，还研究过《乾象历》和《灵宪》，展现了广泛的学识。赵爽在注解《周髀算经》时自称是在背柴火的路上进行研究，显示了不懈的努力和坚持。赵爽在数学研究中提出了诸多创见，包括勾股定理的证明过程和重差术的理论基础。

注解。在这些注解中，一篇关于《勾股圆方图》的文章在数学史上非常有价值。这篇文章虽然只有500多个字，却记述了勾股定理的证明过程。

赵爽发现了这样一个事实——图形经过切割，再补上以后，面积是不会发生变化的。这个结论，也是后来演段术的理论基础。关于这个问题，在刘徽的《九章算术注》中，被发展概括为一个原理。赵爽证明过24个命题，都是关于三角形三边关系，还有它们的和与差的。他还思考过二次方程，得出的结论与韦达定理相似。在这个过程中，他还算出了二次方程中的一个求根公式。在乘除的时候，赵爽利用的是"齐同术"，并通过"旧高图论"证明了重差术。在中国古代数学的发展历程中，赵爽的思想起着一定的作用。

在《周髀算经》的序作中，赵爽自称是在背柴火的路上对这本书进行研究的。由此可见，很有可能，这个伟大的数学家、天文学家一边做研究，一边还要从事劳动生产。

作为一位博学多才的平民数学家，赵爽在注释《周髀算经》的过程中提出了诸多重要的创见，也获得了诸多重要的成就。在赵爽看来，数学是在改造客观世界的实践活动与人类目的性活动中产生的。无论是在自然世界还是在人类社会中，一切客观事物都处于运动变化之中。在数学研究中，赵爽将逻辑学上的归纳与演绎有机地统一了起来，将其紧密地结合在了一起。在对《周髀算经》的注解过程中，赵爽写明了关于"勾股定理"的一般形式，亦即"勾股各自乘，并之为弦实，开方除之，即弦"。此处，从特殊到一般的归纳法就被有效地运用了。同时，在赵爽看来，要证明一项公式的正确性和数学命题的真实性，必须借助演绎推理的方法去进行验证。譬如，在《勾股圆方图注》中，赵爽就是充分运用了演绎推理的方法。可见，赵爽也是中国古代的一位有意识地运用科学方法的数学家。

出入相补原理是？

出入相补原理即 $2ab+(b-a)^2=c^2$，化简便得 $a^2+b^2=c^2$。它的基本思想是图形经过割补后，其面积不变。刘徽在注释《九章算术》时更明确地概括为出入相补原理，这是后世演段术的基础。赵爽在注文中证明了勾股形三边及其和、差关系的 24 个命题。例如 $\sqrt{(2(c-a)(c-b))}+(c-b)=a$，$\sqrt{(2(c-a)(c-b))}+(c-a)=b$，$\sqrt{(2(c-a)(c-b))}+(c-a)+(c-b)=c$ 等等。赵爽还研究了二次方程问题，得出与韦达定理类似的结果，并得到二次方程求根公式之一。此外，他还在'旧高图论'中给出重差术的证明。赵爽的数学思想和方法对中国古代数学体系的形成和发展有一定影响。

相信你已经对出入相补原理有所了解了，那就试一试能不能解决下面的问题吧！

问题：什么是后世演段术的基础？

A. 勾股定理

B. 出入相补原理

C. 韦达定理

D. 齐同术

问题：$2ab+(b-a)^2=c^2$ 是如何化简得到 $a^2+b^2=c^2$ 这个结果的呢？

在进行计算之前，我们先来学习一个完全平方公式吧，这对我们的计算很有帮助哦！

完全平方公式（其一）：两数差的平方，等于它们的平方和减去它们的积的 2 倍。即：$(a-b)=a·2ab+b$。

准备好了吗？现在我们来动笔算一算吧！

刘徽与"割圆术"

人物小记

　　刘徽（约225—295），邹平县（今山东省邹平市）人，是魏晋时期伟大的数学家、中国古典数学理论的奠基人之一。

　　刘徽的主要著作有《九章算术注》和《海岛算经》，在中国数学史上具有重要的地位。他是中国最早明确主张用逻辑推理的方式来论证数学命题的人。在圆周率的计算方法上，他开辟了一条新的途径。

　　让我们从割圆术去认识刘徽吧。

　　刘徽为了圆周率的计算一直潜心钻研着。一次，刘徽看到石匠在加工石头，觉得很有趣，就仔细观察了起来。"哇！原本一块方石，经石匠师傅凿去四角，就变成了八角形的石头。再去八个角，又变成了十六边形。"就这样一斧一斧地凿下去，一块方形石料最终就被加工成了一根光滑的圆柱。

　　谁会想到，在一般人看来非常普通的事情，却触发了刘徽智慧的火花。他想："石匠加工石料的方法，可不可以用在圆周率的研究上呢？"于是，刘徽采用这个方法，把方形逐渐分割下去，一试果然有效。这就是大名鼎鼎

学而不厌

开拓创新

刻苦探求

安贫乐道

　　刘徽是一个勤奋的人，他不满足于已有的知识，而是不断地探索和学习，潜心钻研，这使他成了一个伟大的数学家。通过对日常生活的观察和思考，他发现了割圆术的原理，并将其创新性地运用在圆周率的计算中。

　　的"割圆术"。刘徽在割圆术中提出"割之弥细，所失弥少，割之又割，以至于不可割，则与圆合体而无所失矣"（如果将一个圆不断地割分，每一次割分都会使得它与圆相差的部分越来越少，如果继续无限地割分下去，最终将达到无法再割分的极限，这时被割分的方形将与圆完全合为一体，不再有任何损失），这可视为中国古代极限观念的杰出运用。这是怎么做到的呢？原来，他沿着割圆术的思路，从圆内接正六边形算起，边数依次加倍，相继算出正12边形、正24边形……直到正192边形的面积，得到圆周率的近似值为157/50 (3.14)；后来，他又算出圆内接正1536边形的面积，就能得到更精确的圆周率近似值：π ≈ 3927/1250(3.1416)。刘徽提出的计算圆周率的科学方法，奠定了此后千余年中国圆周率计算在世界上的领先地位。

　　刘徽的一生是为数学刻苦探求的一生。他虽然清贫，但他不是沽名钓誉的庸人，而是学而不厌的伟人，他给我们中华民族留下了宝贵的财富。

神奇的"割圆术"

三国时代数学家刘徽的割圆术是中国古代数学中"一个十分精彩的算法"。在此之前,圆周率采用"径一周三"的实验数据。东汉科学家张衡和东汉天文学家王蕃所计算得来的圆周率都只是实验值,只能精确到小数点后两位。刘徽是中国数学史上最先创造了一个从数学上计算圆周率到任意精确度的迭代程序的数学家。他自己通过分割圆为正 192 边形,计算出圆周率在 3.141024 与 3.142704 之间,取其近似 157/50。这个数值精确到三位数字,比前人的圆周率数值都准。后来刘徽发明了一种快捷算法,可以只用正 96 边形得到和正 1536 边形同等的精确度,从而得到他自己满意的值——3.1416。

刘徽割圆术简单而又严谨,富于程序性,可以继续分割下去,求得更精确的圆周率。南北朝时期著名数学家祖冲之用刘徽割圆术计算 11 次,分割圆为正 12288 边形,得圆周率为 3.1415926,成为此后千年世界上最准确的圆周率。

刘徽在圆周率领域的贡献,不仅在于求得圆周率的近似值,还在于创造了世界上较为先进的割圆术。先前的割圆术如阿基米德割圆术、托勒密割圆术、阿尔·卡西割圆术都或多或少存在一些问题,不能更准确地算出圆周率的近似值。而刘徽割圆术虽然不是世界最早,却是数学史上最严谨完备简洁的割圆术,使得当时中国对圆周率的计算远远领先于同时代各国。

刘徽的发明真的很厉害,让我们对圆周率有了更准确的了解!

你已经了解了刘徽的割圆术了，那你能解答下面的问题吗？快来挑战一下吧！

问题：刘徽通过分割圆来计算圆周率，他使用了正多少边形来得到他满意的值——3.1416？

A. 192　　　　B. 96

C. 1536　　　D. 12288

仔细阅读文章，就能找到答案哦！

熟能生巧，画一个圆，然后计算它的周长吧！

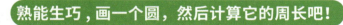

勤学多思的祖冲之

人物小记

祖冲之（429—500），南朝宋齐时范阳道县（今河北涞水）人，生于建康（今南京），字文远。曾任南徐州（今江苏镇江）从事史、公府参军、娄县（今江苏昆山松江区）令、谒者仆射、长水校尉等职。

祖冲之曾深研《九章算术》及刘徽注，写成若干篇专论，其主要贡献在数学、天文历法和机械制造三方面。他在刘徽开创的探索圆周率的精准方法的基础上首次将"圆周率"精算到小数第七位，即在 3.1415926 和 3.1415927 之间。由他撰写的《大明历》是当时最科学最进步的历法，为后世的天文研究提供了正确的方法。其著作散见于《九章算术注》《大明历》《易义》等中。

祖冲之是中国南北朝时期南朝数学家、天文学家、物理学家。祖家历代都对天文历法有研究，所以祖冲之从小就有机会接触天文、数学知识，这使得他也爱好天文历法，经常一个人观测太阳、月亮和星星在天空中运行的情况，并做好详细的记录。要知道，当时他才 9 岁啊！宋孝武帝听到他的名气，派他到一个专门研究学术的官署"华林学省"工作。他对做官并没有兴趣，但是在那里，他可以更加专心地研究数学、天文了。

祖冲之在华林学省的这段时间，表现出对天文惊人的敏感。他在查阅《元

敢于质疑

持之以恒

开拓创新

自律专注

祖冲之进行长期的观测以推导出更准确的历法，这表明他对知识的渴望和求知的精神。经过多年观测和记录，祖冲之最终编制出了《大明历》，这也是他对科学研究的执着和不屈不挠的精神体现。同时祖冲之对自己的研究工作始终保持高度的责任感、自律性和专注力，这些特质是他取得成果的重要力量。

嘉历》（当时采用的天文历法）时，发现《元嘉历》中还有一些错误，对日月的方位、行星的出没和冬至、夏至的时间，推算得不是很准确。因此，他开始了日复一日、年复一年的观测。试想想，这是多么枯燥乏味的事情啊！而祖冲之好像丝毫不这么认为，反而乐此不疲，编制了一部新的历法，叫作《大明历》，这时候，祖冲之才33岁。

他最杰出的贡献是求得相当精确的圆周率。一般认为，祖冲之采用的是刘徽割圆术分割到正24576边形，又从刘徽圆周率不等式推导出著名的祖冲之圆周率不等式。采取这个方法，祖冲之在1500年以前就确定，圆周率在3.1415926与3.1415927之间，比刘徽的3.1416精确得多。在他之后的1000年，阿拉伯数学家阿尔·卡西才打破了这个精确程度的纪录。这也就意味着，祖冲之对圆周率精确度的计算，领先了西方国家1000年！

中国数学的创举——"祖率"

根据《隋书·律历志》关于圆周率（π）的记载，祖冲之把一丈化为一亿忽，以此为直径求圆周率。他计算的结果共得到两个数：一个是盈数（即过剩的近似值），为 3.1415927；一个是朒数（即不足的近似值），为 3.1415926。

盈朒两数可以列成不等式，如：3.1415926（朒）<π（真实的圆周率）<3.1415927（盈），这表明圆周率应在盈朒两数之间。按照当时计算都用分数的习惯，祖冲之还采用了两个分数值的圆周率。一个是 355/113（约等于 3.1415927），这一个数比较精密，所以祖冲之称它为"密率"。另一个是 22/7（约等于 3.14），这一个数比较粗疏，所以祖冲之称它为"约率"。

祖冲之在圆周率方面的研究有着积极的现实意义，他的研究适应了当时生产实践的需要。他亲自研究度量衡，并用最新的圆周率成果修正古代的量器容积的计算。以后，人们制造量器时就采用了祖冲之的"祖率"数值。

相信你已经知道祖冲之的"祖率"是什么了，那就尝试一下回答下面的问题吧！

祖冲之计算出的圆周率"密率"和"约率"分别是多少？请用数字写出来。

除了数学，祖冲之在天文学上做出了贡献。比如，他编写了在当时更科学更精准的一部历法，这部历法是？

A.《元嘉历》

B.《大明历》

C.《授时历》

D.《崇祯历书》

加油，相信你一定行！

留心观察的杨辉

杨辉，字谦光，钱塘（今浙江省杭州市）人，南宋时期数学家、数学教育家。生卒年不详。

杨辉与秦九韶、李冶、朱世杰并称"宋元数学四大家"，从公元 1261 年到公元 1275 年，杨辉先后完成数学著作 5 部，共 21 卷，著有《详解九章算法》《日用算法》《乘除通变本末》等，其主要从事数学研究和教学工作，曾编出九归口诀。在《续古摘奇算法》中介绍了各种形式的"纵横图"及有关的构造方法，同时"垛积术"是杨辉继沈括"隙积术"后，关于高阶等差级数的研究。杨辉在"纂（zuǎn）类"中，将《九章算术》246 个题目按解题方法由浅入深的顺序，重新分为乘除、分率、合率、互换、方程、勾股等九类。

而说起杨辉的成就，还得从偶然的一件小事说起。

一天，台州府的地方官杨辉出外巡游，走着走着，只见开道的锡锣停了下来，杨辉忙问怎么回事，差人来报："孩童不让过，说等他把题目算完后才让走，要不就绕道。"杨辉一看来了兴趣，连忙下轿抬步，来到前面。衙役急忙说："是不是把这孩童哄走？"杨辉摸着孩童的头说："为何不让本官从此处经过？"孩童答道："不是不让经过，我是怕你们把我的算式踩掉，我又想不起来了。""什么算式？""就是把 1 到 9 的数字分三行排列，不论直着加，横着加，还是斜着加，结果都是等于 15。我们先生让我们下午

品德银行

好学不倦

敏锐聪慧

执着专注

善于总结

杨辉主动与孩童一起解题，并投入时间和精力来研究这个问题的规律，这显示了他对数学问题的好奇心和求知欲。即使时间已经过了中午，但他们仍然坚持下去，直到得出正确的结果，这显示了杨辉的执着和专注。

一定要把这道题做好，我正算到关键之处。"杨辉连忙蹲下身，仔细地看那孩童的算式，觉得这个数字在哪见过，仔细一想，原来是西汉学者戴德编纂的《大戴礼》书中所写的文章中提及的。杨辉和孩童两人连忙一起算了起来，直到天已过午，俩人才舒了一口气，结果出来了，他们又验算了一下，发现结果全是15，这才站了起来。

杨辉回到家中，反复琢磨，一有空闲就在桌上摆弄这些数字，终于发现了其中的规律。他把这条规律总结成四句话：九子斜排，上下对易，左右相更，四维挺出。就是说：一开始将九个数字从大到小斜排三行，然后将9和1对换，左边7和右边3对换，最后将位于四角的4、2、6、8分别向外移动，排成纵横三行，就构成了九宫图。

后来，杨辉又将散见于前人著作和流传于民间的有关这类问题加以整理，得到了"五五图""六六图""衍数图""易数图""九九图""百子图"等许多类似的图。杨辉把这些图总称为纵横图，并于1275年写进自己的数学著作《续古摘奇算法》中，并流传后世。

有趣的杨辉三角

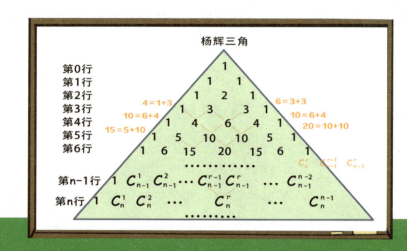

除了纵横图外，杨辉还进行了对三角的研究。

杨辉三角是一种数学图形，由数字排列而成，形状呈三角形。杨辉三角的特点是每个数字是它上方两个数字的和。

杨辉三角的第一行只有一个数字1，从第二行开始，每一行的两端数字都是1。例如，第三行的数字为121，第四行的数字为1331，以此类推。在每一行中，中间的数字是由上一行中相邻两个数字之和得到的。这种规律一直延续到三角形的底部。

杨辉三角是对称的，从第二行开始，每一行的两端数字都是1。从第三行开始，除了两端的1之外，每一行的数字都是对称的。不仅如此，杨辉三角中的斜对角线上的数字构成了著名的斐波那契数列。斐波那契数列中的每个数字都是其前两个数字之和。

　　杨辉三角在数学中有广泛的应用，包括组合数学、概率论等领域。它也常用于解决与排列组合相关的问题，以及构建其他数学模型和算法。由于其简单的规律和有趣的性质，杨辉三角也是数学教学中常用的教学工具。

相信你已经掌握有关杨辉三角的知识了，那就试一试能不能解决下面的问题吧！

已知杨辉三角的前四行如下：

1

1 1

1 2 1

1 3 3 1

请问杨辉三角的第五行是什么？

秦九韶与《数书九章》

秦九韶（约1208—约1261），字道古，祖籍鲁郡（今山东曲阜一带），出生于普州安岳（今四川省安岳县），南宋数学家。与李冶、杨辉、朱世杰被誉为"宋元数学四大家"，工部郎中秦季槱之子。

秦九韶博学多才，精研星象、音律、算术、营造之学。南宋绍定五年（1232）考中进士。历任建康府通判、江宁府知府、琼州守等。淳祐四至七年（1244—1247）解官离任在湖州为母守丧。后遭贬，卒于梅州任所。

他著有《数书九章》，并系统总结和发展了高次方程数值解法和一次同余式组解法，创立了相当完备的"正负开方术"和"大衍求一术"，被西方称为"中国剩余定理"。

由于父亲是掌管各项工程、屯田、水利、交通的工部郎中，又任国史院官职，掌管各类经籍图书，少年的秦九韶得以接触各类知识。他生性聪颖，对当时的种种学问，如星象、音乐、算术以及建筑学等无一不学，并专研甚深。他还曾经向当时的隐士求教，学习数学。

1247年，秦九韶完成数学名著《数书九章》，发明"秦九韶算法"，推导"秦九韶公式"。该书著述方式，大多由"问曰""答曰""术曰""草曰"四部分组成："问曰"，是从实际生活中提出问题；"答曰"，给出答案；"术曰"，阐述解题原理与步骤；"草曰"，给出详细的解题过程。《数书九章》全书共18卷，81题，分为九大类。其最重要的数学成就为"大衍总

好学上进

聪颖智慧

敢于创新

坚持不懈

秦九韶不仅广泛学习各种学问，还向当时的隐士请教数学，展现了他对知识的追求和渴望。秦九韶生性聪颖，能够理解并研究各种学问，这使他能够在数学领域做出重要的贡献。秦九韶发明了著名的"秦九韶算法"，并在《数书九章》

数术"（一次同余式组解法）与"正负开方术"（高次方程数值解法）。此书为国内外科学史界公认的一部世界数学名著。此书不仅代表着当时中国数学的先进水平，也标志着中世纪世界数学的成绩之一。我国数学史家梁宗巨评价道："秦九韶的《数书九章》（1247）是一部划时代的巨著，内容丰富，精湛绝伦。特别是大衍求一术（不定方程的中国独特解法）及高次代数方程的数值解法，在世界数学史上占有崇高的地位。"那时欧洲漫长的黑夜犹未结束，中国人的创造却像旭日一般在东方发出万丈光芒。

《数书九章》

《数书九章》是南宋数学家秦九韶所著数学著作，成书于 1247 年，代表了中世纪数学水平的最高峰。

该书有 18 卷，共列算题 81 问，分为 9 类，每类 9 个问题。主要内容如下：(1)大衍类：一次同余式组解法。(2)天时类：历法计算、降水量。(3)田域类：土地面积。(4)测望类：勾股、重差。(5)赋役类：均输、税收。(6)钱谷类：粮谷转运、仓窖容积。(7)营建类：建筑、施工。(8)军旅类：营盘布置、军需供应。(9)市物类：交易、利息。书采用问题集的形式，并不按数学方法来分类。题文也不只谈数学，还涉及自然现象和社会生活。该书在数学内容上颇多创新，提出了"大衍求一术""正负开方术"等数学方法，对中国古代数学产生了深远的影响。

此书不仅是对《九章算术》的继承和发展，而且概括了宋元时期数学的主要成就。该书因其对于社会生活等方面的记载，成为了解当时社会政治和经济生活的重要参考文献。

《数书九章》在数学内容上颇多创新。中国算筹式记数法及其演算式在此得以完整保存。自然数、分数、小数、负数都有专条论述，还第一次用小数表示无理根的近似值。卷一大衍类中灵活运用最大公约数和最小公倍数，并首创连环求等，借以求几个数的最小公倍数。在《孙子算经》中"物不知数"问题的基础上总结成大衍求一术，使一次同余式组的解法规格化、程序化，比西方高斯创用的同类方法早 500 多年，被公认为"中国剩余定理"。卷十七市物类给出完整的方程术演算实录，书中还继贾宪增乘开方方法进而作正负开方术，使之可以对任意次方程的有理根或无理根来求解，比 19 世纪英国霍纳的同类方法早 500 多年。书中卷五田域类所列三斜求积公式与公元 1 世纪希腊海伦给出的公

中提出了许多创新的数学理论和解题方法。《数书九章》是秦九韶多年辛勤工作的成果，秦九韶通过详尽的解题过程和原理阐述，展现了他对于数学的执着和不懈的努力。

式殊途同归。卷七、卷八测望类又使《海岛算经》中的测望之术发扬光大，再添光彩。

《数书九章》是对《九章算术》的继承和发展，概括了宋元时期中国传统数学的主要成就，标志着中国古代数学的高峰。

相信你已经对《数书九章》有一个大致的了解了，那就尝试一下回答下面的问题吧！

问题：在《数书九章》中，秦九韶提出了什么数学方法？

A. 圆的面积计算

B. 分数的运算规则

C. 大衍求一术

D. 直角三角形的勾股定理

中国剩余定理——韩信点兵

秦朝末年，楚汉相争。一次，韩信率军点兵迎敌。他命令士兵 2 人一排，缺 1 人；3 人一排，缺 1 人；4 人一排，缺 1 人；5 人一排，缺 1 人；6 人一排，缺 1 人；7 人一排，缺 1 人；8 人一排，缺 1 人；9 人一排，缺 1 人；10 人一排，还是缺 1 人。

你能算出韩信至少带了多少士兵吗？

《数书九章》和《九章算术》都在我国古代数学史上留下了灿烂的一笔。不过，这两本书书名略有相似，稍不注意可能会混淆哦！同学们可以对两本书进行对比区分哦，一起来试试吧！

中国古代数学之光朱世杰

物小记

朱世杰（1249—1314），字汉卿，号松庭，生于燕山（今北京），元代数学家、教育家。

朱世杰毕生从事数学教育，被誉为"中世纪世界最伟大的数学家"，在天元术基础上发展出"四元术"以及消元求解方法，还创造出"垛积法"与"招差术"。

朱世杰的主要作品有《算学启蒙》《四元玉鉴》。

　　宋元时期是中国传统数学发展的高峰时期，出现了一批数学大师，朱世杰就是其中的佼佼者。他撰写了两部经典的数学名著，其研究成果对当世和后世都有很重要的意义。这一时期的数学发展主流是方程理论，朱世杰的四元术无疑是方程理论发展的一个高峰。

　　朱世杰在总结数学理论的同时，也非常重视数学的普及。他的两部著作《算学启蒙》和《四元玉鉴》中的很多题目以及它们所体现的思想都与实际生活密切联系，这有助于数学的普及和发展。

　　在《四元玉鉴》和《算学启蒙》中，朱世杰用歌谣和歌诀形式提出一些数学问题，这样既普及了数学知识，又为枯燥的数学增加了很多趣味性。这样的形式在以前的数学著作中是很少见的。这样的形式不仅对当代影响巨大，也影响到明代，虽然明代时数学逐渐衰落，但是朱世杰的歌谣形式却被明代数学家继承。他还创造了一套完整的消未知数的方法，即为四元消法。他将同解变换的算理蕴含于四元消法之中，充分体现了朱世杰的转化思想。

《四元玉鉴》简要给出天元术、二元术、三元术、四元术的解题模式，并且成为全书的纲领。《算学启蒙》给出了一整套数学概念和运算法则，作为全书的理论基础，体现了朱世杰重视算理的思想。

他善于进行几何学的研究，善于深入到几何图形内部解决问题。我国几何学的发展由来已久，但是自《九章算术》以来的几何学，无论是平面几何还是立体几何，几乎都离不开勾股、面积和体积。朱世杰在前人研究的基础上，深入研究勾股形内及圆内各几何元素的数量关系，发现了几何学中的两个重大定理——射影定理和圆幂定理。这两大定理的发展，使得人们的研究从图形整体深入到了几何内部，拓宽了几何学的研究领域。

朱世杰到南方游学，结识了不少南方的数学家，接触到了南方的算书，尤其是秦九韶的《数书九章》和杨辉的著作。他从中吸收了许多先进的数学思想和方法，并加以创造性的发展。后来，朱世杰到扬州定居，慕名而来求学的人络绎不绝。

品德银行

才能卓越

热爱教育

思维创新

钻研深入

朱世杰在数学领域取得了许多重要的研究成果，尤其是在方程理论和几何学方面，达到了当时的高峰。朱世杰撰写了著名的《算学启蒙》和《四元玉鉴》，使得数学知识更易于普及。他长期从事数学教育事业，教授自己的研究成果，传承前人的经

他长期从事数学教育事业，以数学名家周游各地20多年。他不仅教授自己的创造性成果，也传授前人的经典理论和实用技巧。

朱世杰的代表作

朱世杰的主要贡献是创造了一套完整的消未知数方法，称为四元消法。这种方法在世界上长期处于领先地位，直到18世纪，法国数学家贝祖（Bezout）提出一般的高次方程组解法，才超过朱世杰。除了四元术以外，《四元玉鉴》中还有两项重要成就，即创立了一般的高阶等差级数求和公式及等间距四次内插法公式，后者通常称为招差术。此书代表着宋元数学的最高水平，美国科学史家萨顿称赞它"是中国数学著作中最重要的一部，同时也是中世纪的杰出数学著作之一"。朱世杰处于中国传统数学发展的鼎盛时期，当时社会上"尊崇算学，科目渐兴"，数学著作广为传播。

朱世杰对多元高次方程组解法、高阶等差级数求和、高次内插法都有深入研究。他著有《算学启蒙》（1299）、《四元玉鉴》（1303）各3卷，在后者中讨论了多达四元的高次联立方程组解法，联系在一起的多项式的表达和运算以及消元

典理论和实用技巧，影响了当时和后来的数学教育。朱世杰不仅吸收前人的数学思想和方法，而且能够在此基础上进行创造性的发展，他创造了四元消法，将同解变换的算理融入其中，体现了他独特的转化思维。朱世杰善于进行几何学的研究，并深入到几何图形内部解决问题，他在勾股形内及圆内几何元素的数量关系上做了深入研究，并发现了射影定理和弦幂定理等重要几何定理，拓宽了几何学的研究领域。

法，已接近近代数学，处于世界领先地位。他通晓高次招差术公式，比西方早 400 年，中外数学史家都高度评价朱世杰和他的名著《四元玉鉴》。美国著名的科学史家萨顿评论说："朱世杰是他所生存时代的，同时也是贯穿古今的一位最杰出的数学家"，《四元玉鉴》"是中国数学著作中最重要的一部，同时也是中世纪的杰出数学著作之一"。

活学活用

相信你已经对朱世杰的数学贡献有所了解了，那就试一试能不能解决下面的问题吧！

问题：朱世杰的主要贡献是什么？

A. 发明了四元消法

B. 发明了高阶等差级数求和公式

C. 发明了高次内插法

D. 发明了一般的高次方程组解法

学贯中西的数学家梅文鼎

物小记

　　梅文鼎（1633—1721），字定九，号勿庵，安徽宣城（今安徽省宣城市宣州区）人。清初天文学家、数学家，为清代"历算第一名家"和"开山之祖"，被世界科技史界誉为与英国牛顿和日本关孝和齐名的"三大世界科学巨擘"。

　　梅文鼎毕生致力于复兴中国传统的天文和算学知识，并且推进中西天文学的融合。梅文鼎专心致力于天文数学的研究，他系统考察古今中外历法，又介绍欧洲数学，综合研究中西历算，在介绍和发展来自西方的数学知识方面起了重要作用，对后世颇有影响。

　　明末清初传入的西方数学，由于中西之争日趋激烈，很少有人能进行实事求是的研究。而梅文鼎当时坚信中国传统数学"必有精理"，不遗余力地推广古代数学，使濒于枯萎的老树发出新芽。他同时又能正确对待西方数学，认为"技取其长而理唯其是""法有可采何论东西，理所当明何分新旧"，应该"去中西之见，以平心观理"。因此他又使移植过来的西方数学在中国国土上扎下根，促进了这个时期数学的发展。

　　元代中叶以前，中国数学、天文学研究居世界领先地位。但经元末明初以来300余年的荒废，到了清初，出现了经典散佚、算法失传、历法失修的严重局面，中国传统的历算学几乎成了绝学。而在此期间，欧洲经历了文艺

梅文鼎一生致力于学习、研究和著书，他对数学和天文学有深入的研究，力求将失传的古代历理复兴，并推进中西天文学的融合。梅文鼎虚怀若谷，向别人请教，对交流与交往持开放态度，他在答疑解惑时循循善诱，尽力帮助他人，以导学者先路。梅

复兴运动，科学技术突飞猛进。以利玛窦为首的一批传教士于明末进入中国，带来了《几何原本》和西洋历法等科学知识，受到了以徐光启为代表的部分知识分子的欢迎；但同时也遭到了以杨光先为代表的保守派的抵制和反对。到了清初，新旧历法之争更趋激烈，演成了长达10年之久的"历讼"。

梅文鼎深谙这场历法争议是"去数谭（谈）理，聚讼徒纷；举一废多，抑扬失实"，因此，他首先广泛搜寻古今中外历算书籍，下功夫研读，"力求贯通，遇所疑处，废寝忘食，必通贯才已"。

中国传统历法，以元代郭守敬《授时历》最为精密，明代沿用更名为《大统历》。梅文鼎的研究即从授时历、大统历开始，上溯到历代70余家历法，一一求其根本与源流；同时参阅考究西洋各家历法，比较中西名实异同，求得中西历法的会通。因著《古今历法通考》58卷，后屡有增补衍成70余卷。又著其他历算书50多种，其中《历学疑问》3卷、《历学疑问补》2卷、《交食管见》1卷、《交食蒙求》3卷、《平立定三差解》1卷等15种，被乾隆钦定《四库全书》收录。

梅文鼎一生以读书、著书为事，以教书为业，把学习研究和传道授业结合为一体。他交游广泛，足迹南至闽，北至京津、河北，中历齐、楚、吴、越，一面设馆授徒，一面寻师访友，与清初历算

诸家及域外友人都有交流与交往。他向别人请教，虚怀若谷；为人答疑解难，则循循善诱，诲人不倦。他的著作，深入浅出，"往往以平易之语，解极难之法"，"使读者不待详求，而义可晓然"，足可导学者先路。

梅文鼎毕生致力于复兴中国传统的天文和算学知识，并且推进中西天文学的融合。梅文鼎在著作中再次阐明了已失传的古代历理，记录了传统天文学中的许多方法，他又写了《交食》《七政》《五星管见》等书介绍第谷的西方天文学。梅文鼎在另一部著作《历学疑问》中，论述了中西历法的异同，并将许多西方天文知识纳入中国古代学术体系中，如他称西学的"地球寒暖有五带"即《周髀算经》中的"七衡六间说"。他自撰的《勿庵历算书目》有天文数学著作70余种，包括数学著作20余种。《梅氏丛书辑要》六十卷，其中数学著作十三种共四十卷等。

梅文鼎专心致力于天文数学的研究，他系统考察古今中外历法，又介绍欧洲数学，综合研究中西历算，梅文鼎在介绍和发展来自西方的数学知识方面起了重要作用，对后世颇有影响。

文鼎抓住中国传统数学精华这类非西方所有的内容，以展示中华数学的价值和地位，体现了他对中国传统文化的自豪和爱国情怀。梅文鼎坚信中国传统数学必有精理，为了寻求古代数学的精华，广泛搜寻古今中外历算书籍，下功夫研读，力求贯通，不遗余力地表彰古代数学，同时，他也能正确对待西方数学，去中西之见，避免偏见和片面。

梅文鼎的代表作有哪些？

历法的制定和修改离不开测算，历理更需要用数学原理来阐明。梅文鼎因为研究天文历法的需要，对数学进行了深入的研究，取得了重大成就。

他的第一部数学著作是《方程论》，撰成于康熙十一年（1672）。当时正是杨光先"历讼"失败客死他乡（1669）后不久，西洋传教士趾高气扬，蔑视中国传统文化。梅文鼎抓住"方程"这一"非西法所有"的中国传统数学精华首先发论，来显示中华数学的骄傲，是颇有爱国情怀的。他在书成后给数学家、桐城人方中通的书信中透露了这一思想。他说："愚病西儒（指传教士）排古算数，著《方程论》，谓虽利氏（指利玛窦）无以难。"

他对于西算也能采取正确的态度，主张"去中西之见，以平心观理"。他在发掘整理中国古算的同时，潜心研读《几何原本》等西算书籍，力求会通中西算法。他把所著 26 种数学书统名之曰《中西算学通》，以此来实践他的主张。

梅文鼎的《笔算》《筹算》和《度算释例》分别介绍西方的写算方法、约翰·纳皮尔算筹和伽利略比例规。他研究了正多面体和球体的互容关系，订正了《测量全义》中个别资料的错误，独立研究了他名之为"方灯"和"圆灯"的两种半正多面体。他又引进了球体内容等径小球问题，并指出其解法与正多面体和半正多面体构造的关系。他在《方圆幂积》中讨论了球体与圆柱、球台及球扇形等立体的关系。对于当时一般学人感到困难的三角学，梅文鼎不但有《平三角举要》和《弧三角举要》介绍基本的性质、定理和公式，而且有《堑堵测量》和《环中黍尺》这两部分别借助多面体模型和投影法来阐述相关算法的优秀作品。

梅文鼎在数学方面写了 20 多种著作。他将中西方的数学进行了融会贯通，对清朝数学的发展起到了推动作用。逝世之后，后人将其历法、数学著述汇为《梅氏丛书辑要》。

 **活学活用**

相信你已经对梅文鼎的数学贡献有所了解了，那就试一试能不能解决下面的问题吧！

问题：梅文鼎是一位中国清代的天文学家和数学家。他的第一部数学著作是哪一本？

A.《几何原本》

B.《方程论》

C.《筹算》

D.《交食管见》

仰望星空、自强不息的王贞仪

王贞仪（1768—1797），字德卿，女，安徽天长人，清代著名女学者。通星象，精历算，工诗文，通医理，其诗质朴无华，情感真挚。王贞仪撰写的《月食解》一文，精辟地阐述了月食发生、月食和月望以及食分深浅等知识。

她总结了中国古代数学成就和西方筹算法，写下了当时的科普书《勾股三角解》《历算简存》《筹算易知》《象数窥余》等等。她是世界上唯一一个从宇宙宏观与微观结合来理解"天圆地方"这个概念的。她还弄清楚了日食、月食的形成原理，并写下了《月食解》。该文不仅语言直白，还有配图，一目了然。

清朝乾隆年间，王贞仪出生在南京的一个医生家庭。因为家里藏书十分丰富，她从小就沉浸在书海中，孜孜不倦地学习。而且她的家人也非常支持她，爷爷精通历算，就教她天文和算数，爸爸从医，就教她医术。

王贞仪在十几岁的时候，还学过骑射，史书说她"跨马横戟，往来如飞"，达到"发必中的"的程度。而且王贞仪还跟着她的爸爸四处游历行医，一路下来增长了许多见识。亲历了大好山河以及不同人文风情，她感慨："足行万里书万卷，常拟雄心胜丈夫！"

她对探索宇宙星辰的奥秘有着相当浓厚的兴趣。她不仅阅读中外天文著作，还长年坚持夜观天象、日算星辰，日积月累，取得了丰富的理论知识和

孜孜不倦

坚持不懈

不屈不挠

自立自强

王贞仪少年时代的经历塑造了她百折不挠的坚强性格。她对科学的向往，对知识的渴望，不断鼓舞她前进。她自立自强，勇敢面对封建社会的压迫，突破了封建社会"女子无才便是德"的束缚。

第一手天文数据资料。她经常把自己关在屋子里，废寝忘食地搞试验。没有科学仪器，她就卷起衣袖，自己动手，因陋就简地制造。有一天，王贞仪关紧门窗，一个人躲在屋里进行天文学方面的试验，不知不觉已到吃饭的时候了，她母亲在房门口等了好久，仍然不见她出来吃饭，就非常好奇地从门缝向内张望。只见桌上的水晶灯被悬挂在房梁上当作太阳，小圆桌被扳倒在灯下当作地球，而王贞仪手拿着镜子当作月亮。她一边移动着反复试验，一边不断观察太阳、月亮和地球的位置以及相互间的关系，弄清了月食等天文现象。她撰写的《月食解》一文，精辟地阐述了月食发生、月食和月望以及食分深浅等知识。

然而王贞仪要从事科学研究，就必须同封建迷信和封建伦理进行斗争。还在她刚开始钻研天文和作诗绘画的时候，就有一班封建卫道士嘲笑她。但是王贞仪没有屈服。她据理驳斥，坚持为科学开辟道路。她在一首诗中写道："始信须眉等巾帼，谁言儿女不英雄"，顽强地顶住封建礼教的重压，不屈不挠地进行科学研究。王贞仪不畏惧封建社会对妇女的歧视和压力，并为妇女在封建社会中没有受教育的权利、没有学习科学文化的机会而大声疾呼，她强调学问并不是专门为男人而设的，女子的智慧并不比男子差，学成了一样有益于社会。

会"魔法"的小棍

　　算筹，又被称为筹、策、筹策等，有时亦称为算子，是一种棒状的计算工具。一般是竹制或木制的一批同样长短粗细的小棒，也有用金属、玉、骨等质料制成的，不用时放在特制的算袋或算子筒里，使用时在特制的算板、毡上或直接在桌上排布。

　　照中国古代的筹算规则，算筹记数的表示方法为：个位用纵式，十位用横式，百位再用纵式，千位再用横式，万位再用纵式，等等，这样从右到左，纵横相间，以此类推，就可以用算筹表示出任意大的自然数了。由于它位与位之间的纵横变换，且每一位都有固定的摆法，所以既不会混淆，也不会错位。

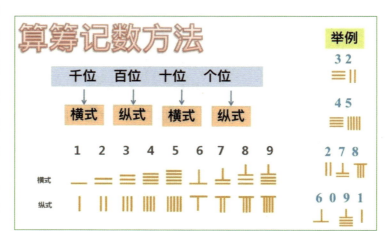

二	三	加数	23
⊥	三	加数	73
⊥	T	和	96

算筹是在珠算发明以前中国独创并且是最有效的计算工具。中国古代数学的早期发达与持续发展都离不开算筹。两千多年前我们的祖先就懂得了这样精妙的计算，真是神奇！

算筹的基本运用你掌握了吗？一起拿上这些魔法小棍，来闯关吧！

第一关：我会摆

请试着用算筹摆出下面的数字。

5	13	247

第二关：我会算

请试着用算筹计算下面的等式。

22+35=

怎么样，算筹是不是很有意思呀？

近代数学先驱李善兰

李善兰（1811-1882），原名李心兰，字竟芳，号秋纫，别号壬叔。今浙江省海宁市人，是中国清代著名的数学家、天文学家、力学家和教育家，创立了二次平方根的幂级数展开式，研究各种三角函数、反三角函数和对数函数的幂级数展开式（现称"自然数幂求和公式"），这是李善兰也是19世纪中国数学界最重大的成就。

在嘉兴坐馆期间，李善兰创立了"尖锥术"，他还利用"垛积术"推出著名的"李善兰恒等式"，这是世界上第一个用中国人名字命名的数学公式。

李善兰出身于浙江海宁的一个读书世家。李善兰自幼就读于私塾，受到了良好的家庭教育。他天赋异禀，勤奋好学，于所读之诗书，过目即能成诵。

9岁时，李善兰发现父亲的书架上有一本中国古代数学名著——《九章算术》，感到十分新奇有趣，从此迷上了数学。14岁时，李善兰又靠自学读懂了欧几里得《几何原本》前六卷，这是明末徐光启和利玛窦合译的古希腊数学名著。欧氏几何严密的逻辑体系，清晰的数学推理，与偏重实用解法和计算技巧的中国古代传统数学思路迥异，自有它的特色和长处。李善兰在《九章算术》的基础上，又吸取了《几何原本》的新思想，这使他的数学造诣日趋精深。

几年后，作为州县的生员，李善兰到省府杭州参加乡试，结果八股文章做得不好，落第了。但他却毫不介意，而是利用在杭州的机会，留意搜寻各种数学书籍，买回了李冶的《测圆海镜》和戴震的《勾股割圆记》，仔细研读，使他的数学水平有了更大提高。

1840年，鸦片战争爆发，帝国主义列强入侵中国的现实，激发了李善兰科学救国的思想。从此，他在家乡刻苦从事数学研究工作。

1852年夏，李善兰到上海墨海书馆，将自己的数学著作给来华的外国传教士展阅，受到伟烈亚力等人的赞赏，从此开始了他与外国人合作翻译西方科学著作的生涯。

1861年秋，洋务派首领、两江总督曾国藩在安徽筹建安庆内军械所，并邀著名化学家徐寿、数学家华蘅芳入幕。李善兰也于1862年受到了邀请。他一到安庆，就请求曾国藩重印刊行《几何原本》等数学书籍，并推荐张文虎、张斯桂等人入幕。他们同住一处，经常进行学术讨论，积极参与洋务新政中有关科学技术方面的活动。

1866年，北京的京师同文馆添设了天文算学馆，广东巡抚郭嵩焘上疏举荐李善兰为天文算学总教习，但李善兰忙于在南京出书，到1868年才北上就任。从此他完全转向数学教育和研究

品德银行

求知好学

勤奋刻苦

思维创新

百折不挠

李善兰在年幼的时候就对数学产生了浓厚的兴趣，并自学了许多数学著作，包括《九章算术》和欧几里得的《几何原本》。李善兰在学习数学的过程中，非常用功和刻苦，通过阅读各种数学书籍和不断地研究提高自己的数学水平。

李善兰吸取了《九章算术》和《几何原本》的思想，并结合自己的理解和思考，发展出独特的数学见解。尽管李善兰在乡试中落榜，但他并没有放弃，而是继续努力学习数学，并在后来的岁月中不断提高。

工作，直至 1882 年去世，其间所教授的学生有百余人。这些人在传播近代科学特别是数学知识方面都起过重要作用。

李善兰的三大成就

李善兰在数学研究方面的成就，主要有尖锥术、垛积术和素数论三项。

尖锥术理论主要见于《方圆阐幽》《弧矢启秘》《对数探源》三本著作，成书年代约为 1845 年，当时解析几何与微积分学尚未传入中国。李善兰创立的"尖锥"概念，是一种处理代数问题的几何模型，他对"尖锥曲线"的描述实质上相当于给出了直线、抛物线、立方抛物线等方程。他创造的"尖锥求积术"，相当于幂函数的定积分公式和逐项积分法则。他用"分离元数法"独立地得出了二项平方根的幂级数展开式，结合"尖锥求积术"，得到了 π 的无穷级数表达式，各种三角函数和反三角函数的展开式，以及对数函数的展开式。

垛积术理论主要见于《垛积比类》，写于 1859—1867 年间，这是有关高阶等差级数的著作。李善兰从研究中国传统的垛积问题入手，获得了一些相当于现代组合数学的成果。例如，"三角垛有积求高开方廉隅表"和"乘方垛各廉表"实质上就是组合数学中著名的第一种斯特林数和欧拉数。可以认为，《垛积比类》是早期组合论的杰作。

素数论主要见于《考数根法》，发表于 1872 年，这是中国素数论方面最早的著作。在判别一个自然数是否为素数时，李善兰证明了著名的费马素数定理，并指出了它的逆定理不真。

相信你已经了解李善兰对数学的主要贡献了，那就试一试能不能解决下面的问题吧！

问题：李善兰对数学的主要贡献不包括哪一个？

A. 尖锥术

B. 垛积术

C. 素数论

D. 拓扑学

立志报国的熊庆来

熊庆来（1893—1969），字迪之，出生于云南省弥勒县（现为弥勒市）息宰村，中国数学家、教育家，曾任云南大学校长，清华大学数学系主任、教授，以"熊氏无穷数"理论载入世界数学史册。

　　熊庆来的父亲熊国栋，精通儒学，但更喜欢新学，思想很开明，对熊庆来的影响很大。少年时的熊庆来从他父亲那里常听到有关孙中山民主革命的事情，这在幼年的熊庆来的心田播下了爱国的种子。

　　1907 年，熊庆来考入昆明云南方言学堂，不久又升入云南高等学堂。当时清王朝已日薄西山，各地的反清斗争风起云涌，抗捐、抗税、罢课、罢市、兵变遍及全国，清政府陷入风雨飘摇之中。熊庆来由于参加了"收回矿山开采权"的抗法反清示威游行而遭到学校的记过处分。现实的生活与残酷的斗争让熊庆来认识到：要使国家富强，务必掌握科学，科学能强国富民。

"……祖国欢迎你，人民欢迎你！欢迎你回来参加社会主义建设的伟大事业……"1957年4月，周总理给熊庆来写信，动员他回国。同年6月，熊庆来在完成了函数论专著之后，毅然启程，回到了祖国的怀抱。他表示，愿在社会主义的光芒中鞠躬尽瘁于祖国的建设事业。在回国后的7年中，他在国内外学术杂志上发表了近20篇具有世界水平的数学论文。

熊庆来是我国近现代数学的开拓者，对中国近现代科学发展做出了杰出的贡献。

他亲手创建了中国国立东南大学、清华大学、西北大学、云南大学等四所大学的数学系，并编写了首批中文版的《高等数学分析》等10多种大学教材。在东南大学的第一年，熊庆来由于过度疲劳而吐血，但他仍然顽强地伏在床上坚持编写讲义。

熊庆来全身心育才的言行，为我国数学界创立了一种识才、爱才、育才的优良传统。

1921年，熊庆来在东南大学当教授时，曾发现学生刘光极有才华，便经常指导他读书、研究。刘光毕业时，熊庆来又与另一位教授共同资助他出国深造，并按时给他寄生活费。有一年冬天，因手头一时较紧，熊庆来便卖掉了穿在身上的皮袍，如期将钱汇出。

家人劝他："你不能这样，若冻坏了身体怎么

品德银行

爱国情怀

坚忍不拔

敢于创新

识才爱才

熊庆来早年间从父亲那里听闻有关孙中山民主革命的事情，这在他幼年时就播下了爱国的种子，他认识到要使国家富强，需要掌握科学，因此对于学术建设和国家发展充满了责任感和使命感。在欧洲留学期间，熊庆来通过不懈努力

获得了多科证书和硕士学位，他回国后继续从事学术研究，发表多篇具有世界水平的数学论文。熊庆来在回国后创办数学系和数学研究部，并编写了多种大学教材，即使遭遇了国民党反动政府解散学校的挫折，他依然坚持开展学术研究，并在国内外学术杂志上发表论文。熊庆来在当教授的过程中，发现并培养了许多有才华的学生，为中国数学界在今后的继续发展做出了卓越的贡献。

办？"熊庆来答道："刘光到期收不到钱，便会猜测我是否遇到什么问题了，那定会影响他的学业。"10年之后，刘光偶然闻得此事，感动至极，顿时泪流满面。

熊庆来在清华大学时，还创办了我国第一个近代数学研究机构——清华大学算学研究部。

他创办的数学系和数学研究部后来都成为培养我国数学科学人才的"摇篮"。

1931年，熊庆来无意中读到一篇论文：《苏家驹之代数的五次方程式解法不能成立之理由》。他觉得作者华罗庚是一个数学界百年难得一见的奇才。当他得知华罗庚还只是一个只有初中学历的青年时，更是大为震惊。为了扶持这位智力和毅力都超越常人的人才，他毅然决定打破常规，让只有初中文化程度的华罗庚进入清华大学数学系工作。这名数学天才，最终大放异彩。

熊庆来是当之无愧的中国数学界的"伯乐"。

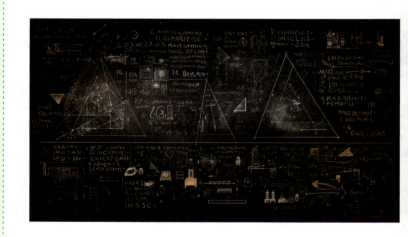

什么是函数？

> 函数论是数学中研究函数的一个分支，它主要研究函数的性质，如连续性、可导性、可积性等。函数论包括实变函数论和复变函数论两个部分。实变函数论研究定义在实数集上的函数，而复变函数论研究定义在复数集上的函数。

常见的函数论概念和技巧包括解析函数、奇点、留数定理、收敛性、积分变换、亚纯函数等。

复变函数理论在实际中有广泛的应用，特别是在物理学、工程学、电气工程和计算机科学等领域。它也是其他数学分支的基础，例如调和分析、函数逼近、常微分方程的解等。

总之，函数论是关于复数域上函数的理论，它研究复变函数的性质和应用，为许多领域提供了重要的数学工具。

相信你已经掌握有关函数论的知识了，那就试一试能不能解决下面的问题吧！

问题：函数论是数学中研究什么的一个分支？

A. 研究整数和分数的运算

B. 研究函数的性质，如连续性、可导性、可积性等

C. 研究几何图形的性质

D. 研究积分的运算

爱国赤子苏步青

人物小记

苏步青（1902—2003），浙江平阳县人，祖籍福建省泉州市，中国科学院院士，中国著名的数学家、教育家，中国微分几何学派创始人。

苏步青主要从事微分几何学和计算几何学等方面的研究，在仿射微分几何学和射影微分几何学研究方面取得出色成果。

苏步青，浙江省温州市平阳县人，祖籍福建省泉州市，中国科学院院士，中国著名的数学家、教育家，中国微分几何学派创始人，被誉为"东方国度上空灿烂的数学明星""东方第一几何学家""数学之王"。

苏步青于 1902 年 9 月出生在浙江省平阳县的一个山村里。虽然家境清贫，可他父母省吃俭用，拼死拼活也要供他上学。他在读初中时，对数学并不感兴趣，觉得数学太简单，一学就懂。可是，后来的一堂数学课影响了他一生的道路。

苏步青上初三时，他就读的浙江省六十中来了一位刚从日本东京留学归来的教数学课的杨老师。第一堂课杨老师没有讲数学，而是讲故事。他说："当今世界，弱肉强食，世界列强依仗船坚炮利，都想蚕食瓜分中国。中华民族亡国灭种的危险迫在眉睫，振兴科学，发展实业，救亡图存，在此一举。'天下兴亡，匹夫有责'，在座的每一位同学都有责任。"他旁征博引，讲述了数学在现代科学技术发展中的巨大作用。这堂课的最后一句话是："为了救亡图存，必须振兴科学。数学是科学的开路先锋，为了发展科学，必须学好数学。"苏步青一生不知听过多少堂课，但这一堂课他终生难忘。

杨老师的课深深地打动了他，给他的思想注入了新的兴奋剂。读书，不是仅仅为了摆脱个人困境，而是要拯救中国广大的苦难民众；读书，不是仅仅为个人找出路，而是为中华民族求新生。当天晚上，苏步青辗转反侧，彻夜难眠。在杨老师的影响下，苏步青的兴趣从文学转向了数学，并从此立下了"读书不忘救国，救国不忘读书"的座右铭。一迷上数学，不管是酷暑还是隆冬、霜晨还是雪夜，苏步青就只知道读书、思考、解题、演算，4 年中演算了上万道数学习题。

品德银行

热爱祖国

执着专注

艰苦奋斗

不慕荣华

苏步青对祖国的命运深感担忧，他认识到救亡图存、振兴科学对于国家的重要性，因此他抱有强烈的爱国情怀，将个人的奋斗目标与国家的兴衰联系在一起。虽然苏步青一开始对数学没有太大兴趣，但在杨老师的激励下，他转变了态度，培养了对数学的兴趣，并投入了大量时间和精力学习。在留学期间，他如饥似渴地学习并在微分几何领域取得卓越成就。苏步青回国前拒绝了日本大学副教授的优厚待遇，选择回到自己成长的祖国，在浙江大学担任教授，并投入教学和研究中。苏步青回国后面临艰苦的环境，但他选择了为国家培养人才、教育学生，并在困境中坚定地选择了吃苦而不动摇。

17岁时，苏步青赴日留学，并以第一名的成绩考取东京高等工业学校，在那里他如饥似渴地学习着。为国争光的信念驱使苏步青较早地进入了数学的研究领域，在完成学业的同时，写了30多篇论文，在微分几何方面取得令人瞩目的成果，并于1931年获得理学博士学位。正当日本一个大学准备聘他去任待遇优厚的副教授时，苏步青却决定回国，回到抚育他成长的祖国任教。回到浙大任教授的苏步青，生活十分艰苦。面对困境，苏步青的回答是："吃苦算得了什么，我心甘情愿，因为我选择了一条正确的道路，这是一条爱国的光明之路啊！"

这就是老一辈数学家那颗爱国的赤子之心。

神奇的拓扑学

苏步青不仅是中国微分几何学派的创始人，同时也是拓扑学的专家。在研究中，苏步青也经常运用拓扑学的思路和方法。

拓扑学是数学的一个分支，研究空间的性质在连续变形下保持不变的问题。它主要关注于空间的形状、连接性、邻近性和连续性等特征，而不考虑具体的度量或尺寸。

拓扑学的研究对象可以是抽象的，例如拓扑空间，也可以是更具体的对象，比如曲面、流形等。拓扑学在数学中扮演着重要的角色，并且在自然科学、工程学、计算机科学等领域也有广泛的应用。例如，在数据处理、图像识别、网络通信等领域中，拓扑学的概念和方法被用来分析和描述数据的结构和关系。

相信你已经掌握有关拓扑学的知识了，那就试一试能不能解决下面的问题吧！

问题：拓扑学主要关注以下哪些空间特征？

A. 空间的度量和角度

B. 空间的形状、连接性、邻近性和连续性

C. 空间的颜色和纹理

D. 空间的体积和质量

刻苦深耕的高扬芝

　　高扬芝（1905—1978），女，从小学习勤奋，酷爱数学。1926年升入北京大学理学院数学系，1930年7月毕业，是当年数学系毕业生中唯一的一名女生，也是成绩最好的毕业生。

　　1952年8月全国高校院系调整时，接受组织安排建设南京师范学院数学科，高扬芝采取了一系列有针对性的措施，使南京师范学院数学系在很短时间内成为国内有一定影响的重要系科之一。高扬芝是第一代数学文化在中国的普及者，一生都在为数学的高等教育事业工作，培养了大量优秀的数学家和数学教育工作者，为中国的数学教育贡献了一生。

　　高扬芝高中毕业后考入北京大学数学系，由于学习成绩优秀，1930年大学毕业后应聘到上海大同大学担任数学教员，后成为教授、数学系主任。在课堂教学中，她遵循《学记》中所说的："善歌者使人继其声，善教者使人继其志。"所以，高扬芝的数学教学一贯是兢兢业业、讲求实效，深受学生欢迎。

　　高扬芝长期从事数学分析（旧时叫高等微积分）、高等代数和复变函数等课程的教学与研究。她深知，高等数学比初等数学更加抽象，外行人常常把它看成是由冷酷的定义、定理、法则统治着的王国。因此，高扬芝教授常常告诉学生，数学结构严谨，证明简洁，蕴含着数学的美。它像一座迷宫，只要你潜心学习、研究，就能寻求到走出迷宫的正确道路。一旦顺利走出迷宫，成功的愉悦会使你兴奋不已，你会向新的、更复杂的迷宫挑战，这就是数学的魅力。

她在上海大同大学工作不到五年的时间里，自身潜在的科研天赋很快被唤醒催发。经过刻苦钻研教材，结合教学实践，她撰写出论文《Clebsch 氏级数改正》，1935 年在交通大学主编的《科学通讯》上连载，得到同行好评。新中国成立后，她又著有《极限浅说》《行列式浅说》等科普读物多部。

高扬芝是中国数学会创始时的少数女性前辈之一。1935 年 7 月 25 日中国数学会在上海交通大学图书馆举行成立大会，共有 33 人出席，高扬芝就是其中的一位。在这次大会上，她被推选为中国数学会评议会评议，后连任第二、第三届评议会评议。1951 年 8 月，中国数学会在北京大学召开了规模空前的第一次全国代表大会，高扬芝出席了大会。她是这次到会代表 63 人中唯一的女代表。20 世纪 60 年代，她被选为江苏省数学会副理事长。

1952 年，高扬芝从上海来到新成立的南京师范学院创建了数学系，并任第一任系主任。到1955 年，数学系建设初具规模，在省内和国内渐有影响。1955 年 8 月，全体教师和两届还没

品德银行

坚忍不拔

刻苦钻研

无私奉献

坚定理想

高扬芝用坚忍不拔、勇于挑战的精神长期从事数学方面的研究，她始终坚定自己的理想，在教学工作中用仁爱之心去教学生学会数学，无私奉献在三尺讲台上。

毕业的本科生被整体调入位于苏州的江苏师范学院，致使南京师范学院数学系的发展暂时被中止。

1958 年，高扬芝和三位教师及五位刚毕业的学生又被调回南京，重建南师数学系并再任系主任。当时尽管困难重重，但在同仁们的共同努力下，数学系得以重生。这充分体现了她对数学教育事业坚忍不拔的精神。

从 1958 年开始招生到 1962 年第一届毕业生毕业的四年里，数学系学生猛增至近 500 名。高扬芝主任既要协调各位教师的课程，又要亲自给学生上课（她常常要跨年级教不同的课）。在教学之余，她出版了《极限浅说》《行列式浅说》，还编写了《数学史讲义》《复变函数论讲义》《计算数学讲义》等多种教材。在她的影响下，南师数学系老师形成了教学认真、通俗易懂、深入浅出、诲人不倦的教学传统，并沿袭至今，成为南师大数学学人的宝贵财富。

1958 年之后，南京师范学院数学系进入了发展的黄金时期。生源和毕业生一届比一届好，社会上对南师数学系的评价越来越高。在她和同事们的不懈努力下，奠定了如今南京师范大学数学科学学院发展的基础。

数学的发展

数学的发展史大致可以分为四个时期。第一个时期：数学形成时期（远古—公元前 6 世纪）。这是人类建立最基本的数学概念的时期。人类从数数开始逐渐建立了自然数的概念，发明了简单的计算法，并认识了最基本、最简单的几何形式，算术与几何还没有分开。

第二个时期：初等数学时期、常量数学时期（公元前 6 世纪—公元 17 世纪初）。这个时期基本的、最简单的成果构成中学数学的主要内容，大约持续了两千年。这个时期逐渐形成了初等数学的主要分支：算术、几何、代数。

第三个时期：变量数学时期（公元 17 世纪初—19 世纪末）。变量数学产生于 17 世纪，经历了两个决定性的重大步骤：第一步是解析几何的产生；第二步是微积分（Calculus）的创立。

第四个时期：现代数学时期（19 世纪末开始）。数学发展的现代阶段的开端，以其所有的基础——代数、几何、分析中的深刻变化为特征。

我的数学自查表

姓名：

年级：

最擅长的是：

仍需提高的是：

进步有妙招：

先实现一个小目标：

自学成才的华罗庚

人物小记 ———————————————

华罗庚（1910—1985），出生于江苏省常州市金坛县（现为金坛市），祖籍江苏省丹阳市。数学家、教育家和社会活动家，中国科学院院士，美国国家科学院外籍院士，第三世界科学院院士，中国科学院数学研究所研究员、原所长。

华罗庚主要从事解析数论、矩阵几何学、典型群、自守函数论、多复变函数论、偏微分方程、高维数值积分等领域的研究，并解决了高斯完整三角和的估计难题、华林和塔里问题改进、一维射影几何基本定理证明、近代数论方法应用研究等，被列为芝加哥科学技术博物馆中当今世界 88 位数学伟人之一。

华罗庚，出生于江苏省金坛县。他是中国现代数学家，世界一流数学家，也是一位自学成才的数学家。让我们一起来了解自学成才的华罗庚吧。

华罗庚读小学时成绩并不突出，只勉强及格，数学作业写得也是像涂鸦一样歪歪扭扭，但他有个特点，什么事儿都爱刨根问底，喜欢弄个明白，也特别爱动脑筋，因思考问题过于专心，常被同伴们戏称"罗呆子"。

念初中时，一天王维克老师给全班出了一道数学题，这是一道出自《孙子算经》的题目："今朝有物不知其数，三三数之剩二，五五数之剩三，七七数之剩二，问物几何？"大家正在思考时，华罗庚最先说出答案 23，他的回答使老师惊喜不已，他也因此得到老师的表扬。从此，他喜欢上了数学。王维克老师还发现他平时的作业总是涂涂改改的，原来他是为了追求一种更简便的计算方法，他在思考和演算中进行优化。

华罗庚初中毕业后，因家境贫寒不能进入高中学习，被迫辍学回家，帮父母料理杂货铺。有一次，有个妇女去买棉花，华罗庚正在算一个数学题，那个妇女问棉花多少钱，而勤学的华罗庚没有听见，就把算的答案答了一遍，那个妇女尖叫起来："怎么这么贵？"这时的华罗庚才知道有人来买棉花，就说了价格，那妇女便买了一包棉花走了。可见华罗庚自学数学是多么的投入。

华罗庚 19 岁那年，染上了极其可怕的伤寒病。这场大病，几乎毁了他的一生。从旧历腊月廿四日开始他足足病了半年，从此因病左腿残疾，走路要左腿先画一个大圆圈，右腿再迈上一小步。对于这种奇特而费力的步履，他曾幽默地戏称为"圆与切线的运动"。

在逆境中，他顽强地与命运抗争，誓言是："我要用健全的头脑，代替不健全的双腿！"经过几年的自学，华罗庚开始在杂志上投稿。一开始，他的稿件不断被拒绝。原因是他写的问题已被国外某个专家给证明过了。这反而使华罗庚增添了信心，因为这些问题都是他自己钻研出来的，并没有看过别人的解题方法。

品德银行

求知若渴

勤奋专注

自信乐观

思维创新

华罗庚自小就对事物充满好奇心，喜欢追求真相，刨根问底，他对问题的求知欲和思考能力使他能够找到更简便的解决方法，从而在数学方面有所突破。虽然初中时成绩平平，但华罗庚有着超强的专注力和勤奋态度，即使面对家庭贫困和身体残疾，他仍然顽强地学习和钻研数学，并且付出了比别人更多的时间和努力。尽管一开始在投稿时遇到困难，但华罗庚并没有气馁，反而从拒绝中找到了信心，他坚信自己的研究和问题是原创的，不断尝试并最终取得了成功。华罗庚能够独立地发现和解决问题，而不受传统观念的限制，这使得他成了多个数学研究领域的创始人和开拓者。

1930 年，华罗庚在《科学》杂志上发表了一篇论文《苏家驹之代数的五次方程式解法不能成立之理由》，被清华大学数学系主任熊庆来教授发现，让熊庆来惊奇不已，熊庆来迅即作出决定："这个年轻人应该请他到清华来！"这时华罗庚只有 21 岁，他终于离开了杂货店的"暗室"，来到了北京的清华大学。

来到清华工作，是华罗庚一生中的一个重要转折，他的数学生涯也真正从这儿开始。

从初中毕业生到一个大学教师，华罗庚只花了六年半时间。他后来对友人说："人家受的教育比我多，我必须用加倍的时间以补救我的缺失，所以人家每天 8 小时的工作，我要工作 12 小时以上才觉得安心。"华罗庚在清华大学的 4 年中，在数论方面发表了十几篇论文，自修了英语、法语、德语。25 岁时他已成为蜚声国际的青年学者。华罗庚迅速由助理提升为助教、教员，后来又被中华文化教育基金会聘为研究员。

华罗庚从不迷信天才，认为："天才由于积累，聪明在于勤奋。"他提出"树老易空，人老易松，科学之道，戒之以空，戒之以松，我愿一辈子从实而终"的名言，作为对自己的告诫。直到他逝世前不久，还这样写道："发白才知智叟呆，埋头苦干向未来，勤能补拙是良训，一分辛苦一分才。"

新中国成立之初，科学人才紧缺。正在美国大学任教的数学家华罗庚响应国家号召，回到祖国怀抱。回国短短几年中，他在数学领域的研究硕果累累，成为中国解析数论、矩阵几何学、自守函数论等多方面研究的创始人和开拓者。同时他还坚持到人民群众中、到生产一线去推广他发明的"优选法"和"统筹法"，用数学问题解决了生产中的实际问题。

华罗庚说，任何一个人都必须养成自学的习惯，即使是今天在学校的学生，也要养成自学的习惯，因为迟早总要离开学校的！自学是一种独立学习、独立思考的能力。行路，还是要靠行路人自己。

华罗庚与解析数论

华罗庚的主要贡献在解析数论领域。数论是一门综合性很强的数学学科，在几百年的系统发展中，人们已经创造和发展了筛法（包括大筛法、小筛法等）、圆法、三角和方法、密率等一些强有力的经典方法。

解析数论是数论的一个分支，它主要研究数论问题的解析方法和技巧。解析数论通过运用复分析、函数论和解析方法来研究数论中的问题，如素数分布、数论函数的性质、整数的表示等。它的目标是通过解析工具和技巧来揭示数论中的规律和性质，并解决一些经典的数论难题。解析数论的发展对于数论的推进和深化起到了重要的作用，也与其他分支如代数数论、几何数论等密切相关。从历史的发展历程来看，解析数论可以分为经典解析数论与现代解析数论。

相信你已经对华罗庚的数学贡献有所了解了，那就试一试能不能解决下面的问题吧！

华罗庚在哪个领域做出了主要贡献？

A. 解析数论　B. 几何数论　C. 代数数论　D. 微积分

迷你数独

在每个小格子里填上数字 1~4 的任意一个，使每一行每一列的数字加起来等于 10，快来开动小脑筋吧！

	1	3	
3			1
			2
	2	1	

鞠躬尽瘁的陈省身

物小记

陈省身（1911—2004），号辛生，浙江省秀水（今属嘉兴）县人，美籍中国数学家，微分几何学家，对20世纪的数学和物理有重要的影响。陈省身是20世纪世界最重要的微分几何学家之一，也是最有影响力的数学家之一，曾长期担任加州大学伯克利分校、芝加哥大学数学教授。

为了纪念陈省身，国际数学联盟于2010年设立了"陈省身奖"，以表彰在数学界做出最重要贡献的个人，是国际数学界最高荣誉之一。

陈省身是20世纪重要的微分几何学家，被誉为"微分几何之父"。20世纪40年代，陈省身结合微分几何与拓扑学的方法，完成了两项划时代的重要工作：高斯—博内—陈定理和Hermitian流形的示性类理论，为大范围微分几何提供了不可缺少的工具。这些概念和工具，已远远超过微分几何与拓扑学的范围，成为整个现代数学的重要组成部分。

陈省身既是一位伟大的数学家，又是一位伟大的数学活动家，他培养出了许多杰出的学生，并且永远鼓励年轻的数学家。他为2002年北京国际数学家大会的成功举办做出了重要贡献。他还以九十高龄的年纪在大会开幕式上致辞，其高尚与睿智将永远留在大家的记忆中。

心系祖国

勤奋刻苦

求实严谨

鞠躬尽瘁

陈省身对中国的未来充满责任感和热爱，希望通过自己的学术成就让中国成为21世纪的数学大国。陈省身在学术道路上表现出极大的勤奋和努力，他在汉堡大学时刻苦学习，日无暇晷，如饥似渴

陈省身初到汉堡大学时，因为不通德语曾遭到许多外国同学的轻视。为此他暗下决心，一定要证明中国人的实力。在研究导师布莱希特给他的论文时，陈省身发现其中一篇论文存在漏洞，便与老师讨论。布莱希特十分欣赏这个严谨求实的年轻人，鼓励陈省身尝试修补这个漏洞。陈省身于是日夜苦战，努力补全证明。功夫不负有心人，他成功地扩展了布莱希特的定理，他的论文《关于网几何的计算》也成功在校刊上发表。陈省身开始在汉堡大学崭露头角。布莱希特对这位中国学生大加赞赏，那些曾经轻视中国人的外国学生再也不敢看轻中国人。在汉堡大学的两年里，陈省身把自己的学习生活安排得日无暇晷，如饥似渴地吸收数学知识。正是这样的勤奋刻苦使得他很快掌握了能解决高深问题的数学工具。短短一年后，陈省身便凭借两篇重要论文声名大噪，成为"汉堡数学界的新一代领袖"。

与许许多多目睹旧中国深陷战火屈辱的有识之士一样，陈省身的心中也有一个报效国家的远大志向。在南开大学上学时，他住在八里台校舍。每逢周日回家，他都要经过海光寺，那里是日本军营。看到荷枪实弹的日本兵耀武扬威的模样，他心里很不是滋味。那时，他已经意识到中国落后，豺狼当道。他知道自己只有发奋学习，刻苦钻研，努力使中国成为数学强国，才能以自己所学报效国家。这成为陈省身此后几十年一直视为己任的事业。

1979 年，陈省身从加州大学伯克利分校退休。经过几十年的奋斗，他用自己的成就证明了中国人和外国人一样可以做好数学，甚至可以做得更好。他想把自己的余热撒在中国大地上，完成少年时心中那个诗一般的梦想：使中国成为21 世纪的数学大国。

地吸收数学知识。陈省身对学术研究持有严谨的态度，发现导师布莱希特论文中的漏洞，并努力修补证明，最终扩展了布莱希特的定理。陈省身回国后孜孜不倦地进行着数学研究，并为国家培养出许多杰出的数学人才。

微积分 + 几何 = 微分几何？

微分几何是数学的一个分支，它研究的是曲线、曲面以及更一般的流形的性质和结构。它是微积分和几何学的结合，旨在研究和描述在局部上看起来像欧几里得空间（平直空间）的对象。

微分几何关注的是用微积分工具来描述和研究曲线和曲面上的性质。这些性质可能包括曲率、切向量、法向量、曲面积分、曲线积分等等。微分几何在许多领域中都有广泛的应用，包括物理学、工程学、计算机图形学、机器人学等。在物理学中，微分几何被用于描述时空的弯曲，如广义相对论中的引力。在计算机图形学和机器人学中，微分几何用于建模及分析三维物体的形状和运动。

总之，微分几何是一门研究曲线、曲面和流形等几何对象的数学学科，它通过微积分工具来研究它们的性质和关系。

相信你已经掌握有关微分几何的知识了，那就试一试能不能解决下面的问题吧！

问题：微分几何主要研究的是什么几何对象？

A. 圆形和正方形

B. 曲线、曲面和更一般的流形

C. 立方体和长方体

D. 直线和平面

数学领域唯一的中科院女院士胡和生

人物小记

胡和生，1928 年生于上海，祖籍江苏南京。数学家，中国科学院院士，发展中国家科学院院士，复旦大学教授。

胡和生于 1945—1948 年在交通大学数学系学习；1950 年毕业于大夏大学（今华东师范大学）数理系；1952 年浙江大学数学系研究生毕业；1992 年当选为中国科学院学部委员（院士）；2002 年当选为发展中国家科学院院士，同年应邀在世界数学家大会上作诺特讲座报告。

胡和生长期从事微分几何研究，其在射影微分几何、黎曼空间完全运动群、规范场等研究方面均有建树。

胡和生出生在上海市一个艺术世家，祖父和父亲都是画家。她从小耳濡目染，聪明好学，画感、乐感很强，祖父和父亲特别喜欢她。读小学和中学时，她不偏科，文理兼优，这些对她后来从事数学事业帮助很大。

胡和生虽然爱好广泛，但她的理想不是成为一位画家，而是考上大学继续深造。

抗战胜利以后，胡和生考进大学数学系，1950 年毕业，又报考了浙江大学数学家、中国微分几何创始人苏步青教授的硕士研究生。1952 年院系调整，苏教授与她转入了上海复旦大学。复旦是以苏步青为首的我国微分几何学派的策源地，人才济济，加之老一辈数学家的鼓励指导，同行的互勉竞争，托着这颗新星冉冉升起。

胡和生长期从事微分几何研究，在微分几何领域取得了系统、深入、富有创造性的成就。1960—1965年，她研究有关齐次黎曼空间运动群方面的问题，给出了确定黎曼空间运动空隙性的一般有效方法，解决了60年前意大利数学家福比尼所提出的问题。她把这个结果整理在与自己的丈夫谷超豪合著的《齐性空间微分几何》一书中，受到同行称赞。她早期在我国学术刊物之一《数学学报》上发表了《共轭的仿射联络的扩充》(1953)、《论射影平坦空间的一个特征》(1958)、《关于黎曼空间的运动群与迷向群》(1964)等重要论文。至今，她发表了70多篇（部）论文、论著。她在射影微分几何、黎曼空间完全运动群、规范场等研究方面都有很好的建树，成为国际上有相当影响和知名度的女数学家。她的一些成果处于国际或国内先进水平。1982年，胡和生与合作者获国家自然科学三等奖；1984年起担任《数学学报》副主编，并担任中国数学会副理事长；1989年被聘为我国数学界的"陈省身数学奖"的评委；1992年当选为中国科学院数学物理学部委员（1994年改称院士）。至今选出来的数学家院士，只有胡和生一人是女性。

程大位与《算法统宗》

程大位，字汝思，号宾渠，今安徽省休宁县人。从二十多岁起他便在长江下游一带经商，平时对数学产生了浓厚的兴趣。他搜罗了许多书籍，遍访名师，经过十年的努力，在1592年他六十岁的时候写成了《直指算法统宗》简称《算法统宗》一书。《算法统宗》是一部应用数学书，它以珠算为主要的计算工具，全书共595个问题，绝大多数的问题都是由其他数学著作如刘仕隆所著《九章通明算法》（1424）和吴敬的《九章算法比类大全》（1450）等书中摘取出来的。

《算法统宗》一书总的编排，仍旧是按照《九章算术》的形式，全书共17卷。

在中国古代数学的整个发展过程中，《算法统宗》是一部十分重要的著作。从流传的长久、广泛和深入来讲，那是任何其他数学著作不能与之相比的。1716年（清康熙五十五年），程家的后代子孙在《算法统宗》新刻本的序言中写道：自《算法统宗》一书于明万历壬辰（1592）问世以后，"风行宇内，近今盖已百有数十余年。海内握算持筹之士，莫不家藏一编，若业制举者（考科举的人）之于四子书、五经义，翕然奉以为宗"。这并不是故作吹嘘之辞。

《算法统宗》的编成及其广泛流传，标志着由筹算到珠算这一转变的完成。从这时起，珠算就成了主要的计算工具，古代的筹算就逐渐被人遗忘以至失传了。到后来，一般人只知有珠算，而不知有筹算，也不知道珠算是由筹算演变而来的，这种情况一直持续到18世纪中叶，在清朝学者们对古代数学深入研究之后，才开始了解到古代筹算演变为珠算的经过。

不论是筹算、珠算，或是笔算、口算、心算，我们在计算的时候，离不开一个基本功，那就是熟练掌握九九乘法口诀哦。不知道大家掌握的程度如何呢？同学们可以两两一组，互相提问，看看你能否对答如流。

九九乘法口诀表

1×1=1								
1×2=2	2×2=4							
1×3=3	2×3=6	3×3=9						
1×4=4	2×4=8	3×4=12	4×4=16					
1×5=5	2×5=10	3×5=15	4×5=20	5×5=25				
1×6=6	2×6=12	3×6=18	4×6=24	5×6=30	6×6=36			
1×7=7	2×7=14	3×7=21	4×7=28	5×7=35	6×7=42	7×7=49		
1×8=8	2×8=16	3×8=24	4×8=32	5×8=40	6×8=48	7×8=56	8×8=64	
1×9=9	2×9=18	3×9=27	4×9=36	5×9=45	6×9=54	7×9=63	8×9=72	9×9=81

数学奇才陈景润

人物小记

陈景润（1933—1996），出生于福州，毕业于厦门大学。世界著名数学家，中国科学院院士。

他一生爱国爱校，痴迷数学，深入探索解析数论的许多重要课题，获得十几项重大成果，特别是克服重重困难，在"哥德巴赫猜想"领域，做出"1+2"的杰出贡献，享誉国际数学界，为中华民族赢得了荣誉。

小时候，陈景润家境贫寒，他不看电影，不聊天，全部生活就是研究数学。不仅读了很多数学相关书籍，还常常一个人拿着棍子在草地上计算。就连玩捉迷藏时，也要带一本书读，然后独自忘我地钻研。

1948年，勤奋的陈景润考上了福州英华书院，此时清华大学航空工程系主任留英博士沈元教授回福建奔丧。几所大学得知消息，都想邀请沈教授前去讲学，但都被他谢绝。由于是英华书院的校友，为了报答母校，沈元教授来到了这所中学为同学们讲授数学课。

一天，沈元教授在数学课上给大家讲了一个故事："200年前有个法国人发现了一个有趣的现象：

$$6=3+3 \qquad 8=5+3 \qquad 10=5+5$$

$$12=5+7 \qquad 28=5+23 \qquad 100=11+89$$

每个大于 2 的偶数都可以表示为两个质数之和。因为这个结论没有得到证明，所以还是一个猜想。大数学家欧拉说过：虽然我不能证明它，但是我确信这个结论是正确的。它像一个美丽的光环，在我们不远的前方闪耀着炫目的光辉……"

陈景润瞪着眼睛，听得入神，"哥德巴赫猜想"像磁石一般吸引着陈景润。从此，陈景润开始了摘取数学皇冠上的明珠的艰辛历程……

课余时间他最爱到图书馆，那时他不仅读了中学辅导书，连大学的数理化教材他也如饥似渴地阅读。因此获得了"书呆子"的雅号。

进入厦门大学读书后，陈景润在学习上更加刻苦，晚上熄灯后，为了不影响同学休息，他在被窝里用手电筒照明读书。

毕业后，陈景润加入中国科学院数学所，为

品德银行

刻苦钻研

坚持不懈

意志坚定

百折不挠

陈景润在少年时代就确立了远大目标，然而在途中存在着许多我们难以想象的艰难险阻，但无论遇到多大的挫折，他没有一次说放弃，没有一次动摇，而是一直朝着这个目标前进。图书馆、工作台、不停演算的纸笔……仿佛都能看到他刻苦钻研的身

了更好地工作，他独自搬进了一个仅有 6 平方米的锅炉房，里面只有一张木板床，没有桌子和椅子，这张木板床就成了陈景润的工作台——工作时被子掀到一边就算是一张桌子。国外科学家拥有高速的电子计算机，可陈景润只有一支笔，复杂的科学演算全靠笔算。但对于这一切，陈景润毫不在乎，他乐此不疲，痴迷于他的数学研究。

功夫不负有心人，1966 年 5 月，在中国科学院的刊物《科学通报》第 17 期上发表了他关于哥德巴赫猜想的研究成果，这一成果是迄今为止关于哥德巴赫猜想的最好的研究成果，简称"1+2"。

1973 年，《中国科学》杂志正式发表了陈景润的完整论文《大偶数表为一个素数及一个不超过两个素数的乘积之和》。直到他成功之后，人们才发现他床底下有三麻袋多的草稿纸。更让人觉得不可思议的是，1965 年，布赫斯塔勃等证明"1+3"用的是大型高速计算机，而陈景润证明"1+2"是独自一个人，完全用手工计算！陈景润凭着不懈的追求和惊人的毅力书写了数学史上的奇迹。

这就是勇夺数学皇冠明珠的陈景润。一个数学巨人的成长绝对不是偶然的，背后有着坚持不懈的努力和付出、有着坚定的信念和毅力的支持才能够取得如此成就！

影，都能感受到那股对数学的强烈的热爱。陈景润永攀科学高峰、坚持不懈的精神将会激励鼓舞我们一代又一代的人。

好多数

在数学里，有各种各样的数，除了我们熟悉的"奇数""偶数"，还有其他的有趣的数哦，一起来认识一下吧！

自然数：是指用以计算事物的数量或表示事物次序的数。即用数码 0、1、2、3、4……所表示的数。自然数由 0 开始，一个接一个，组成一个无穷的集体。

质数：质数又称素数。一个大于 1 的自然数，除了 1 和它自身外，不能被其他自然数整除的数叫作质数。比如 2、3、5、7，就是质数哦！

合数：合数是指在大于 1 的整数中除了能被 1 和它本身整除外，还能被其他数（0 除外）整除的数。比如 4、6、8、9、10，就是合数，而且 4 是最小的合数哦。

那 1 呢？记住，1 既不是质数也不是合数哦。

下面的数字属于什么数？一起来连连看吧！

1	奇数
2	偶数
3	质数
4	合数
5	
6	

数学家的故事

第二篇

外国数学家的故事

泰勒斯巧测金字塔

人物小记

泰勒斯（Thales，约前624—约前547）是古希腊时期的哲学家、数学家、工程学家，生活在伊奥尼亚地区的米利都，创建了古希腊最早的哲学学派——米利都学派（也称伊奥尼亚学派）。他是古希腊七贤之一，是西方思想史上第一个有记载有名字留下来的思想家。他在哲学、数学等多个领域有所建树。他拒绝用玄学或超自然因素来解释自然现象，试图借助经验观察和理性思维来解释世界，被称为"科学和哲学之祖"。

泰勒斯曾游历巴比伦和埃及，并在埃及跟当地祭司学习数学知识。他敏学好问，在埃及学习了大量的数学知识，为之后创建严密的数学体系建立了坚实的基础。

泰勒斯在学习中一直保持着专心致志的态度，忘我而勤奋地观察钻研各种问题。柏拉图的对话录《泰阿泰德篇》里就记载了关于泰勒斯的逸闻——他曾因过于专心观察星空而不慎掉入井中，由此遭到了一位色雷斯侍女的嘲笑。

不仅如此，他还向世人证明了拥有知识就拥有了巨大的财富。他凭借自己的天文学知识，在某一年冬天预测到了来年的橄榄大丰收，因此他以微小的成本在米利都和开俄斯岛租赁了榨油坊。由于无人竞争，他成功地在来年通过出租榨油坊获得了大量利润。由此可见泰勒斯也是一位精明的商人。但赚钱可不是他最大的爱好。他积累了足够的财富之后，便开始了自己真正想要的生活——四处旅行。泰勒斯的旅行不像一般人那样游山玩水、吃吃喝喝，他走到哪里都要寻找当地的新鲜事，总是喜欢关心一些常人不在意的趣闻。

有一天，泰勒斯在大街上走着走着，忽然看到人们聚在一起看告示，觉得很好奇，便也挤进人群里去看个究竟。原来告示上写着法老要找世界上最聪明的人来测量金字塔的高度，泰勒斯觉得很有趣，于是就走进了法老的宫殿。法老听说一个希腊人要来测量金字塔，满心瞧不起他，觉得我们埃及多的是有名气的工程师，你一个外国人有什么本领，竟然敢说自己会测量金字塔？看着泰勒斯走进宫殿，法老轻蔑地问泰勒斯："你打算用什么工具来测量金字塔啊？"泰勒斯回答说："尊敬的法老，我只需要一根木棍和一把尺子就够了。"听完他的回答，法老觉得又好气又好笑，那么大的金字塔，用一根木棍和一把尺子能做什么呢？法老满心好奇，于是真的给了泰勒斯一根木棍和一把尺子，看看他要怎样测量金字塔。

泰勒斯不慌不忙地来到金字塔下，此时正是烈日炎炎的白天，太阳炙烤着大地上的每一个人。泰勒斯慢悠悠地把木棍插在金字塔旁边，只见他每隔一会儿就用尺子量一量木棍的影子，一直等

品德银行

勤学好问

乐学善思

专心致志

学以致用

泰勒斯的求学经历帮助他养成了专心好学的习惯。泰勒斯将知识运用于实践，证明了知识是人类文明的无价之宝。泰勒斯对学习和探索的渴望让他超脱了物质享受的欲求，令他在广阔的精神世界中获得了纯粹的快乐。泰勒斯擅长于逻辑思考和抽象思维，让他在数学领域取得了卓越的成就。

到木棍的影子和木棍一样长的时候，他量了金字塔影子的长度和金字塔底面边长的一半，把这两个长度加起来就是金字塔的高度了。就这样，泰勒斯利用几何学相似三角形的原理，又简单又精准地报出了金字塔的高度，从法老到看热闹的人群，大家都对泰勒斯的聪明才智佩服得五体投地。他的测量方法也就是今天所说的相似三角形定理。

泰勒斯定理

除了巧测金字塔，泰勒斯还证明了一条几何学的定理哦。由于他是最先证明这条定理的人，因此，人们就将其命名为"泰勒斯定理"。

那么，"泰勒斯定理"到底是什么呢？一起来看看吧！

定义：如果 A，B，C 是圆形上的三点，且 AC 是直径，那么 ∠ABC 必然为直角。

同学们，让我们一起画个圆，来验证一下泰勒斯定理吧！

怎么样？是不是很神奇？几何图形是不是非常有趣呀？

毕达哥拉斯和勾股定理

毕达哥拉斯（Pythagoras，约前 580—前 500），古希腊数学家、哲学家、天文学家，是最早提出"日心说"的人士之一，也是勾股定理的发现者之一。毕达哥拉斯出生在爱琴海中萨摩斯岛（今希腊东部小岛）的贵族家庭，自幼聪明好学，曾在名师门下学习几何学、自然科学和哲学。

毕达哥拉斯游历了巴比伦和埃及，吸收了美索不达米亚文明文化。后来他就到意大利的南部传授数学及宣传他的哲学思想，并和他的信徒们组成了一个所谓"毕达哥拉斯学派"的政治和宗教团体。

毕达哥拉斯的学说和成就对后世的哲学、数学和科学等领域都产生了深远的影响。

有一次，毕达哥拉斯应邀参加一个餐会，这位主人的餐厅铺着的是美丽的正方形大理石地砖，由于大餐迟迟不上，一些饥肠辘辘的贵宾颇为不满。但善于观察的毕达哥拉斯却凝视着脚下这些排列规则的、美丽的方形图案，他不只是欣赏地砖的美丽，而是想到它们和"数"之间的关系。毕达哥拉斯索性拿出笔和尺子，蹲在地上计算着。在四块大理石地砖拼成的正方形上，均以每块大理石的对角线为边，在内部画出一个新的正方形，他发现这个新正方形的面积正好等于两块大理石的面积；他又以两块大理石组成的长方形对角线为边，画出一个更大的正方形，而这个大正方形的面积正好等于五块大理石的面积。于是，毕达哥拉斯推算：直角三角形两直角边的平方和等于斜边的平方。这也就是后来著名的"毕达哥拉斯定理"。

此外毕达哥拉斯还提出了"黄金分割"，并最早把数的概念提到突出的地位，他还对数论作了许多研究，将自然数区分为奇数、偶数、素数、完全数、平方数、三角数和五角数等。

妙趣横生的"勾股定理"

勾股定理是平面几何中一个基本而重要的定理。勾股定理说明，平面上的直角三角形的两条直角边的长度（较短直角边的长度古称勾长、较长直角边的长度古称股长）的平方和等于斜边长（古称弦长）的平方。反之，若平面上三角形中两边长的平方和等于第三边边长的平方，则它是直角三角形（直角所对的边是第三边）。勾股定理是人类早期发现并证明的重要数学定理之一。

人们在证明勾股定理之前就发现了勾股数的存在。勾股数的发现时间较早，例如埃及的纸草书和中国的《周髀算经》中就有（3，4，5）这

一组勾股数，后来的印度与阿拉伯的数学书上也有记载。

毕达哥拉斯本人并无著作传世，不过在他死后一千年，5世纪的普罗克勒斯给欧几里得的名著《几何原本》做注解时将最早的发现和证明归功于毕达哥拉斯学派。虽然毕达哥拉斯学派的证明没有流传下来，不过在《几何原本》第一册的第47

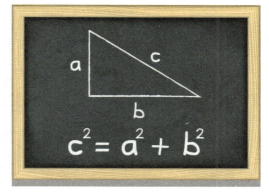

个命题里，欧几里得给出了勾股定理的证明。在中国，东汉末年吴国的赵爽最早给出勾股定理的证明。巴勒蒂·克尔什纳·蒂尔特吉在《吠陀数学》一书中声称古代印度教吠陀也证明了勾股定理。

勾股定理现约有400种证明方法，是数学定理中证明方法最多的定理之一。

相信你已经对勾股定理有一个大致的了解了，那就尝试一下回答下面的问题吧！

基础闯关

勾股定理是关于哪种三角形的定理？

A. 等边三角形　　　　B. 直角三角形

C. 锐角三角形　　　　D. 钝角三角形

试着描述一下勾股定理吧！（可以画图来辅助哦。）

欧几里得和欧氏几何

人物小记

欧几里得（Euclid，约前 330—前 275）是古希腊数学家，以其所著的《几何原本》（简称《原本》）闻名于世，被称为"几何学之父"。欧几里得曾受业于雅典，后应埃及托勒密国王邀请，从雅典移居亚历山大，从事数学教学和研究工作。他一生治学严谨。所著《几何原本》共 13 卷，是世界上最早公理化的数学著作。他在《几何原本》中提出五大公设，成为欧洲数学的基础，影响着历代科学文化的发展。

　　欧几里得是古希腊最负盛名、最有影响的数学家之一，其《几何原本》对于几何学、数学和科学的未来发展，对于西方人的整个思维方式都有极大的影响。

　　《几何原本》是古希腊数学发展的顶峰。欧几里得将公元前 7 世纪以来希腊几何积累起来的丰富成果，整理在严密的逻辑系统运算之中，使几何学成为一门独立的、演绎的科学。

　　在柏拉图学派晚期导师普罗克洛斯（约 410—485）的《几何学发展概要》中，就记载着这样一则故事，说的是数学在欧几里得的推动下，逐渐成为人们生活中的一个时髦话题，以至于当时托勒密一世也想赶这一时髦，学一点几何学。

虽然这位国王见多识广，但欧氏几何却令他学得很吃力。于是，他问欧几里得："学习几何学有没有什么捷径可走？"欧几里得笑道："抱歉，陛下！学习数学和学习一切科学一样，是没有什么捷径可走的。学习数学，人人都得独立思考，就像种庄稼一样，不耕耘是不会有收获的。在这一方面，国王和普通老百姓是一样的。"从此，"在几何学里，没有专为国王铺设的大道"这句话成为千古传诵的学习箴言。

开创先河的欧氏几何

> 欧几里得几何指按照欧几里得的《几何原本》构造的几何学。
>
> 《几何原本》是一部集前人思想和欧几里得个人创造性于一体的不朽之作。这部书已经基本囊括了几何学从公元前7世纪的古希腊，一直到公元前4世纪——欧几里得生活时期——前后总共400多年的数学发展历史。

知识广博

思维严谨

锲而不舍

独立思考

欧几里得在整理《几何原本》时，汇集了古希腊几何学的丰富成果，表明他在数学领域有广泛的知识。欧几里得的几何学体系以其严密的逻辑推导而闻名，显示了他在逻辑思维方面的优秀能力。欧几里得在整理《几何原本》时经历了漫长而艰苦的过程，完成这项巨大的工作需要坚持和毅力。欧几里得对托勒密一世表达了学习数学没有捷径可走的观点，说明他强调学习的独立自主性。

它不仅保存了许多古希腊早期的几何学理论，而且通过欧几里得开创性的系统整理和完整阐述，使这些远古的数学思想发扬光大。它开创了古典数论的研究，在一系列公理、定义、公设的基础上，创立了欧几里得几何学体系，成为用公理化方法建立起来的数学演绎体系的最早典范。

全书共 13 卷。书中包含了 5 条"公理"、5 条"公设"、23 个定义和 467 个命题。

在每一卷内容当中，欧几里得都采用了与前人完全不同的叙述方式，即先提出公理、公设和定义，然后再由简到繁地证明它们。这使得全书的论述更加紧凑和明快。

而在整部书的内容安排上，也同样贯彻了欧几里得的这种独具匠心的安排。它由浅到深，从简至繁，先后论述了直边形、圆、比例论、相似形、数、立体几何以及穷竭法等内容。其中有关穷竭法的讨论，成为近代微积分思想的来源。

按照欧氏几何学的体系，所有的定理都是从一些确定的、不需证明而信以为真的基本命题即公理演绎出来的。在这种演绎推理中，对定理的每个证明必须或者以公理为前提，或者以先前就已被证明了的定理为前提，最后得出结论。欧氏几何对后世产生了深远的影响。

浏览了对欧氏几何的介绍后，相信你已经对欧氏几何有了初步的了解，那就来试试回答下面的这道题吧，看看你能不能答对！

问题：《几何原本》里包含了几条公理？

A.4
B.5
C.6
D.7

几何学是数学中最基本、最重要的研究内容之一。我们熟悉的长方形、正方形就属于几何里平面几何的内容，长方体、圆柱体、正方体则属于立体几何的内容。现在，我们就一起来画一画自己熟悉的几何图形吧！

阿基米德智测皇冠

 物小记

　　阿基米德（Archimedes，前287— 前212），伟大的古希腊哲学家、百科式科学家、数学家、物理学家、力学家，静态力学和流体静力学的奠基人，并且享有"力学之父"的美称。阿基米德曾说过："给我一个支点，我就能撬起整个地球。"

　　关于阿基米德，流传着这样一段有趣的故事。相传叙拉古国王让工匠替他做了一顶纯金的王冠，做好后，国王疑心工匠在金冠中掺了假，但这顶金冠确与当初交给金匠的纯金一样重，到底工匠有没有捣鬼呢？既想检验真假，又不能破坏王冠，这个问题不仅难倒了国王，也使诸大臣面面相觑。

　　后来，国王请阿基米德来检验。最初，阿基米德也是冥思苦想而不得要领。一天，当他坐进澡盆里洗澡时，看到水往外溢，同时感到身体被轻轻托起。他突然悟到可以用测定固体在水中排水量的办法，来确定金冠的比重。他兴奋地跳出澡盆，连衣服都顾不得穿便跑了出去，大声喊着"尤里卡！尤里卡！"。（Eureka，意思是"我知道了"。）

他经过了进一步的试验以后来到王宫，他把王冠和同等重量的纯金放在盛满水的两个盆里，比较两盆溢出来的水，发现放王冠的盆里溢出来的水比另一盆多。这就说明王冠的体积比相同重量的纯金的体积大，所以证明了王冠里掺进了其他金属。

这次试验的意义远远大过查出金匠欺骗国王，阿基米德从中发现了浮力定律：物体在液体中所获得的浮力，等于它所排出液体的重量。后来，该定律就被命名为阿基米德定律。一直到现在，人们还在利用这个原理计算物体比重和测定船舶载重量等。

认识圆柱

阿基米德在数学上也有着极为光辉灿烂的成就，特别是在几何学方面。他还写了一本《论球和圆柱》，来对此进行深入研究。圆柱体在我们的日常生活中随处可见，它背后有着哪些"秘密"呢？让我们一起来了解吧！

圆柱是什么：圆柱是由两个大小相等、相互平行的圆形（底面）以及连接两个底面的一个曲面（侧面）围成的几何体。

圆柱的体积：圆柱所占空间的大小，叫做这个圆柱的体积。设一个圆柱底面半径为 r，高为 h，底面积为 S，体积为 V，则圆柱的体积为 $V=Sh=\pi \times r^2 \times h$。

第一关：找一找

同学们，你找到身边的圆柱了吗？写一写，画一画吧！

第二关：做一做

仔细观察，我们可以发现如果将圆柱展开，可以得到两个大小相等的圆形和一个长方形哦。下面，我们就来制作圆柱吧！

敢于质疑的伽利略

伽利略·伽利莱（Galileo Galilei，1564—1642），意大利物理学家、数学家、天文学家，近代实验科学的重要人物。伽利略被誉为"现代观测天文学之父""现代物理学之父""科学方法之父""科学之父"及"现代科学之父"。

他首先在科学实验的基础上融会贯通了数学、物理学和天文学三门知识，扩大、加深并改变了人类对物质运动和宇宙的认识。伽利略从实验中总结出自由落体定律、惯性定律和伽利略相对性原理等。从而推翻了亚里士多德物理学的许多臆断，奠定了经典力学的基础，反驳了托勒密的地心体系，有力地支持了哥白尼的日心学说。

17岁那年伽利略进入了比萨大学学习。有一次，他来到比萨大教堂，坐在一张长凳上，目光凝视着那雕刻精美的祭坛和拱形的廊柱。忽然，教堂大厅中央的巨灯晃动起来，是修理房屋的工人在那里安装吊灯。

这本来是件很平常的事，吊灯像钟摆一样晃动，在空中划出看不见的圆弧。可是，伽利略却像触了电一样，目不转睛地盯着摆动的吊灯，同时，他用右手按着左腕的脉，计算着吊灯摆动一次脉搏跳动的次数，以此计算吊灯摆动的时间。

通过计算，伽利略发现了一个秘密，这就是吊灯摆一次的时间，不管圆弧大小，总是一样的。一开始，吊灯摆得很厉害，渐渐地，它慢了下来，可是，每摆动一次，脉搏跳动的次数是一样的。

伽利略的脑子里翻腾开了。他想，书本上明明写着这样的结论：摆经过一个短弧要比经过长弧快些，这是古希腊哲学家亚里士多德的说法，谁也没有怀疑过。难道是自己的眼睛出了毛病，还是怎么回事？

他像发了狂似的跑回宿舍，关起门来重复做这个实验。他找了不同长度的绳子、铁链，还有不知从哪里搞到的铁球、木球。在房顶上，在窗外的树枝上，着迷地一次又一次重复，用沙漏记下摆动的时间。最后，伽利略不得不大胆地得出这样的结论：亚里士多德的结论是错误的，决定摆动周期的，是绳子的长度，和它末端的物体重量没有关系。而且，相同长度的摆绳，摆动的周期是一样的。这就是伽利略发现的摆的运动规律。

这个爱质疑的少年，他善于观察、勇于坚持、追求真理。1590 年，伽利略在比萨斜塔上做了"两个球同时落地"的著名实验，从此推翻了亚里士多德"物体下落速度和重量成比例"的学说，纠正了这个持续 1900 年之久的错误结论。1609 年，伽利略创制了天文望远镜，并用来观测天体。1610 年，伽利略发现了木星的四颗卫星，反驳了地心体系，为哥白尼学说找到了确凿的证据……

伽利略的质疑精神和批判思维对现代科学产生了深远影响。他的实验方法被后世科学家广泛采用，成了现代科学研究的基本方法。伽利略的思想也对

品德银行

乐于探索

怀疑精神

不惧权威

坚持真理

伽利略对周围世界充满好奇，他对吊灯的摆动现象产生极大兴趣，不断尝试并进行实验，以寻找事物背后的规律和真相。伽利略面对传统的学说和权威观点时，不怕质疑，勇敢地持续进行实验和观察，不断推翻错误结论，并坚定

地追求真理。伽利略的目标是追求真理，他在自己的领域不断探索和证实，纠正了一些长期存在的错误观点，并促进了科学的进步。

人类社会产生了深远影响，他的科学精神促进了人类科技的发展和进步。大胆质疑使人不断开拓创新、不断进步。所以，我们要像伽利略那样，敢于质疑、追根求源，在学习的道路上不断进步、不断超越！

伽利略悖论

伽利略提出了数学史上一个有名的悖论——伽利略悖论。这个悖论说的是，正整数中，有些是偶数，有些不是，因此正整数一定比偶数多，但是每一个正整数乘以 2 都能得到一个偶数，而每一个偶数除以 2 都能得到一个正整数，那么从无限的数看来，偶数和正整数都是一一对应的，那么这就说明在无穷大的世界里，部分可能等于全体！

伽利略悖论让人见识了无限集合的惊人特性。所以在伽利略最后的科学著作《两种新科学》里，伽利略总结说，少、相等和多只能描述有限集合，却不能描述无限集合。

伽利略悖论揭示了无穷大的概念在集合论和数学上的复杂性，以及直觉在处理无穷大时可能会遇到的问题。这种悖论推动了数学家在 19 世纪末 20 世纪初对集合论和无穷的深入研究，并最终导致了集合论的建立和对无穷的更严格的定义。

相信你已经对"伽利略悖论"有一个大致的了解了，那就尝试一下回答下面的问题吧！

问题：伽利略提出的"伽利略悖论"是关于什么内容的？

A. 地心说的推翻

B. 无穷大集合的特性

C. 木星的卫星观测

D. 比萨斜塔上的实验

人们对宇宙充满好奇，对宇宙的探索也从未停止，伽利略观测天文后提出日心说。请你了解太阳系的各个星球后，试着用简单的材料，制作一个太阳系模型。

蜘蛛网给笛卡儿的启发

人物小记

勒内·笛卡儿（René Descartes，1596—1650），法国哲学家、数学家、物理学家和生理学家。他对现代数学的发展做出了重要的贡献，因将几何坐标体系公式化而被认为是解析几何之父。

1619年，笛卡儿在德国南部诺伊堡的军营服兵役。这是他一生的转折点，他终日沉迷在深思中，考虑数学和哲学问题。

1619年11月10日，生病了的笛卡儿遵照医生的嘱咐，躺在床上休息。突然，笛卡儿眼睛一亮，原来正在天花板上爬来爬去的一只蜘蛛引起了他的注意。这只蜘蛛在常人的眼里或许是平常得不能再平常了，它正忙着在天花板靠近墙角的地方结网，它忽而沿着墙面爬上爬下，忽而顺着吐出丝的方向在空中缓缓移动。

笛卡儿一边观察着蜘蛛结网，一边思索着用代数方法来解决几何问题，但遇到了一个困难，几何图形是直观的，而代数方程则比较抽象，能不能用几何图形来表示方程呢？问题的关键是如何把组成几何图形的点和满足方程的每一组"数"挂上钩。于是他拼命琢磨，通过什么样的办法，才能把"点"和"数"联系起来呢？

看着这只悬在半空中的蜘蛛，沉思中的笛卡儿豁然开朗：能不能用两面墙相交的线及墙与天花板相交的线，来确定空间的位置呢？他一骨碌从床上爬起来，在纸上画了三条互相垂直的直线，分别表示两面墙相交的线，以及墙与天花板相交的线，用一个点表示空间中的蜘蛛，当然可以测出这个点到三个平面的距离。这样，蜘蛛在空间中的位置就可以准确地标出来了。

这一伟大的发现，对于长期保持积极思考的笛卡儿来说，并不是偶然，因为他总在积极地思考，即使是生病躺在床上。虽然身体不舒服，但笛卡儿没有只想着休息，而是躺在床上微闭着双眼，大脑里不停地回忆着老师教过的和自己读到过的一些内容。正是因为这只结网的蜘蛛撞在了笛卡儿正在积极编织的数学问题网上，于是，坐标系被建立了。

其实，笛卡儿从小就勤于思考，对许多事物喜欢寻根问底，决不盲目接受别人的观点。这种善于发现问题、提出问题、分析问题、解决问题的思辨能力，成就了笛卡儿，成就了解析几何，也带给我们源源不断的精神动力。

品德银行

勤于思考

善于发现

刨根问底

积极解决

笛卡儿善于发现生活中的问题，并勤于思考，探索如何更好地积极去解决问题。他在面对问题时，去探索问题的源头，刨根问底，举一反三，为后面深入探究数学领域打好了基础，为他的成功开启了一个新的起点，同时也带给我们源源不断的精神动力。让我们学习笛卡儿的精神，畅游在数学的海洋里。

初探坐标系

在同一个平面上互相垂直且有公共原点的两条数轴构成平面直角坐标系，简称直角坐标系。

通常，两条数轴分别置于水平位置与垂直位置，取向右与向上的方向分别为两条数轴的正方向。水平的数轴叫作 x 轴或横轴，垂直的数轴叫作 y 轴或纵轴，x 轴和 y 轴统称为坐标轴，它们的公共原点 o 称为直角坐标系的原点，以点 o 为原点的平面直角坐标系记作平面直角坐标系 xoy。

x 轴和 y 轴将坐标平面分成了四个象限，右上方的部分叫作第一象限，其他三个部分按逆时针方向依次叫作第二象限、第三象限和第四象限。象限以数轴为界，横轴、纵轴上的点及原点不在任何一个象限内。一般情况下，x 轴和 y 轴取相同的单位长度，但在特殊的情况下，也可以取不同的单位长度。

在直角坐标系中，对于平面上的任意一点，都有唯一的一个有序数对（即点的坐标）与它对应；反过来，对于任意一个有序数对，都有平面上唯一的一点与它对应。比如，在图中，因为有坐标系，我们能很快定位 A 的坐标是（2,3），它位于第一象限。

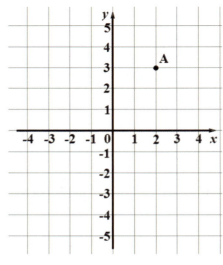

活学活用

A、B、C 三兄弟迷路啦，请你根据它们的坐标，将 A、B、C 放进下面坐标系里对应的位置吧。

A（3,5）　　　B（-2,4）　　　C（5,-1）

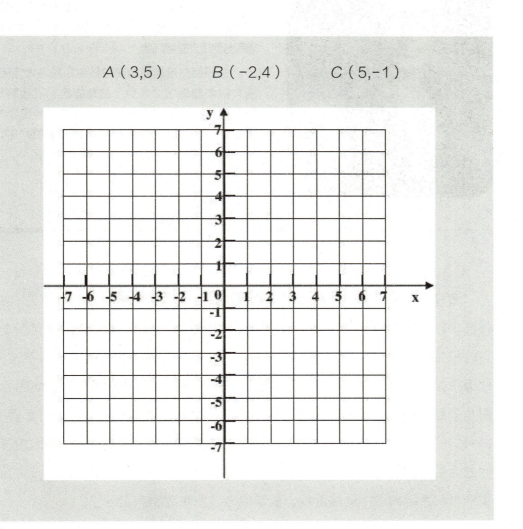

"业余数学家之王"费马

皮埃尔·德·费马（Pierre de Fermat, 1601—1665），法国律师和数学家。他在数学上的成就不比职业数学家差，他似乎对数论最有兴趣，亦对现代微积分的建立有所贡献。

费马最后定理在中国习惯称为费马大定理，西方数学界命名"最后"的意思是：其他猜想都证实了，这是最后一个。著名的数学史学家贝尔 (E. T. Bell) 在 20 世纪初所撰写的著作中，称皮埃尔·德·费马为"业余数学家之王"。

费马生于法国南部，在大学里学的是法律，毕业以后以律师为职业，并被推举为议员。费马的业余时间全用来读书，哲学、文学、历史、法律样样都读。30 岁时迷恋上数学，直到他 64 岁病逝，一生中有许多伟大的发现。不过，他极少公开发表论文、著作，主要通过与友人通信透露他的思想。在他死后，由儿子通过整理他的笔记和批注挖掘他的思想。好在费马有个"不动笔墨不读书"的习惯，凡是他读过的书，都有他的圈圈点点、勾勾画画，页边还有他的评论。他利用公务之余钻研数学，并且成果累累。后世数学家从他的诸多猜想和大胆创造中受益匪浅，赞誉他为"业余数学家之王"。

费马对数学的贡献包括：与笛卡儿共同创立了解析几何；创造了作曲线

切线的方法，被微积分发明人之一牛顿奉为微积分的思想先驱；通过提出有价值的猜想，指明了关于整数的理论——数论的发展方向。他还研究了掷骰子的输赢规律，从而成为古典概率论的奠基人之一。

有一次，费马在阅读时写下了这样的话："……将一个高于 2 次的幂分为两个同次的幂，这是不可能的。关于此，我确信已发现一种美妙的证法，可惜这里空白的地方太小，写不下。"这个定理现在被命名为"费马大定理"，即不可能有 $xn + yn = zn$，这就是费马对后世的挑战。为了寻找这个定理的证明，后世无数的数学家发起了一次又一次的冲锋，但都败下阵来。1908 年，一位德国富翁曾经悬赏 10 万马克的巨款，奖励第一个对"费马大定理"完全证明的人。自此定理提出后，数学家们奋斗了 300 多年，还是没有证明出来。但这个定理肯定存在，费马知道它。

在数学上，"费马大定理"已成为一座比珠穆朗玛峰更高的山峰，人类的数学智慧只有一次达到过这样的高度，从那以后，再也没有达到过。

兴趣是第一老师，费马一生从未受过专门的数学教育，数学研究也不过是业余爱好。正是兴趣加勤奋，一代数学天才费马堪称是 17 世纪法国最伟大的数学家。

品德银行

勤奋刻苦

坚定信念

认真思考

刨根问底

费马没有受过专门的数学教育，而他凭着自己的兴趣爱好，一步步去寻找答案，最终通过自己的努力获得了成功。我们要学习费马认真思考、刨根问底的精神，只有这样，我们才能成功攀登数学的高峰。

鸡兔同笼

> 鸡兔同笼是中国古代的数学名题之一。大约在公元 1500 年前，《孙子算经》中就记载了这个有趣的问题。书中是这样叙述的：今有雉兔同笼，上有三十五头，下有九十四足，问雉兔各几何？

这四句话的意思是：有若干只鸡和兔同在一个笼子里，从上面数，有 35 个头，从下面数，有 94 只脚。问笼中各有多少只鸡和兔？

这时候，如果有了一元一次方程，那么这个问题就迎刃而解啦！

首先，我们要认识什么是一元一次方程式：含有一个未知数，并且未知数的次数是一次的等式叫做一元一次方程式。

现在，就一起来看看一元一次方程的威力吧！

解：设兔有 x 只，则鸡有 $(35-x)$ 只。那么鸡和兔的脚一共有：$4x+2(35-x)=94$，下面我们就来解这个方程吧。

$4x+2(35-x)=94$

$4x+2 \times 35-2x=94$

$4x-2x=94-2 \times 35$

$2x=24$

$x=12$

综上，兔有 12 只，则鸡有：$35 - 12 = 23$ 只。

（在设方程的未知数时，通常选择腿多的动物，这将会使计算较简便哦！）

怎么样？你学会这个方法了吗？现在再来算一道巩固一下吧！

鸡兔同笼，一共有头 30 个，脚 88 只，请问鸡和兔各有多少只？

进阶挑战： "鸡兔同笼"类型的问题其实还有很多，不过解题思路都是相通的哦，下面，就来尝试一下吧！

提问：一次数学竞赛考卷共 20 道题，答对一道得 5 分，答错扣 3 分，小明最终得分 52 分，请问小明一共做对了几道题？

善于思考的帕斯卡

布莱兹·帕斯卡（Blaise Pascal，1623—1662），法国哲学家、数学家、物理学家、散文家。帕斯卡早期进行自然科学和应用科学的研究，对机械计算器的制造和流体的研究做出重要贡献，扩展托里切利的工作，澄清了压强和真空的概念。帕斯卡还有力地为科学方法辩护。数学上，帕斯卡促成了两个重要的新研究领域。他 16 岁写出一篇题为射影几何的论文，1654 年开始与皮埃尔·德·费马通信，讨论概率论。

帕斯卡一生做出了许多杰出的贡献，让我们从他 12 岁的那次三角形内角和的探究之旅开始认识他吧。

"三角形的内角和是 180°。"帕斯卡是如何发现的呢？ 12 岁的他对三角形进行分类研究，得出了这个结论。

他首先研究的是直角三角形。他发现长方形（正方形）有四个直角，因此长方形（正方形）的内角和是 360°。沿着长方形（正方形）的对角线把长方形分成了 2 个完全相同的直角三角形，360°÷2=180°，所以得出了直角三角形的内角和是 180°。

乐于探索

思维严谨

热爱知识

思维创新

帕斯卡在研究三角形的内角和时，通过细致的观察和逻辑推理，从不同角度进行证明，展示了严谨的思考能力。帕斯卡的研究和思考不仅仅是为了获得荣誉或名声，而是出于对知识和真理的热爱和渴望。帕斯卡不满足于传统的学说，勇于挑战并提出新的理论和发现，推动了数学和物理学的发展。

接着他研究了锐角三角形。他发现任意一个锐角三角形都可以沿着它的其中一条高，分成两个直角三角形。一个直角三角形的内角和是180°，两个合起来就是360°。沿高分开的地方产生了两个直角，合起来是平角180°，而这个平角并不是锐角三角形的内角，于是要用360°减去这个平角180°，360° - 180° = 180°，所以锐角三角形的内角和也是180°。钝角三角形的内角和同样是180°，证明方法和锐角三角形是一样的。

综上所述，年仅12岁的帕斯卡证出了"三角形内角和为180°"。回顾整个过程，虽然简单，但推理非常严谨。他正是经历了这样一次又一次严谨又深邃的思考，才为我们创造了那么多巨大的贡献：帕斯卡定律、帕斯卡三角形、《关于圆锥曲线的论文》、《思想录》等。

他用他短暂而厚重的一生，演绎了"只有思想，才能令人真正的伟大"这句话。

能量加油站

帕斯卡对数学还有一个大的贡献：与费马一起开拓了概率论这一数学分支。

某种事件在同一条件下可能发生也可能不发生，表示发生的可能性大小的量叫作概率。

想必大家都见过这样的画面吧：当拿不定主意的时候，就抛硬币。这个行为就包含了概率的知识哦。我们都知道硬币分为正反两面，当我们抛硬币时，通常会出现两种结果：正面朝上和背面朝上。也就是说，每种结果出现的概率为1/2哦。

活学活用

其实，在我们的生活里，也能发现概率的影子呢，不知道大家有没有留意到？来分享一下你身边的概率事件吧。

牛顿的蜕变

 物小记

艾萨克·牛顿（Isaac Newton，1643—1727）爵士，英国皇家学会会长，英国著名的物理学家和数学家，著有《自然哲学的数学原理》《光学》等。

他在1687年发表的论文《自然定律》里，对万有引力和三大运动定律进行了描述。这些描述奠定了此后三个世纪里物理世界的科学观点，并成为现代工程学的基础。他通过论证开普勒行星运动定律与他的引力理论间的一致性，展示了地面物体与天体的运动都遵循着相同的自然定律；为太阳中心说提供了强有力的理论支持，并推动了科学革命。

牛顿出生在英格兰林肯郡沃尔斯索浦的一个农民家庭，他是一个早产儿，出生时只有3磅重。接生婆和他的双亲都担心他不能活下来。谁也没有料到这个看起来微不足道的小东西会成为一位震古烁今的数学家、科学家。

一谈到牛顿，人们可能认为他小时候一定是个"神童""天才"，有着非凡的智力。其实不然。牛顿童年身体瘦弱，头脑并不聪明。在家乡读书的时候，很不用功，在班里的学习成绩属于次等。但他的兴趣却是广泛的，游戏的本领也比一般儿童高。平时他爱好制作机械模型一类的玩意儿，如风车、水车、日晷等等。他精心制作的一只水钟，计时较准确，得到了人们的赞许。

当时，封建社会的英国等级制度很严重，中小学里学习好的学生，可以

坚持不懈

积极探索

敢于创新

坚韧不拔

尽管牛顿在童年时期的学习成绩不佳，但在受到刺激后，他下定决心努力学习，早起晚睡，勤学勤思，最终获得了优异的学习成绩。牛顿小时候对于各种事物都有广泛的兴趣，喜欢制作机械模型等玩意儿，他对于自

歧视学习差的同学。有一次课间游戏，大家正玩得兴高采烈的时候，一个学习好的学生借故踢了牛顿一脚，并骂他笨蛋。牛顿的心灵受到这种刺激，愤怒极了。他想，我俩都是学生，我为什么受他的欺侮？我一定要超过他！从此，牛顿下定决心，发奋读书。他早起晚睡，抓紧分秒，勤学勤思。

经过刻苦钻研，牛顿的学习成绩不断提高，不久就超过了曾欺侮过他的那个同学，名列班级前茅。

从平凡到伟大，从"笨蛋"到科学家，牛顿离不开种种客观条件，但是最离不开的还是他的努力、他的刻苦。

长期以来，牛顿认为，一定有一种神秘的力存在，是这种无形的力拉着太阳系中的行星围绕太阳旋转。但是，这到底是怎样的一种力呢？

直到有一天，当牛顿在花园的苹果树下思索，一个苹果落到他的脚边时，牛顿终于获得了顿悟，他的问题也逐渐被解决了。

传说1665年秋季，牛顿坐在自家院中的苹果树下苦思着行星绕日运动的原因。这时，一只苹果恰巧落下来，它落在牛顿的脚边。这是一个发现的瞬间，这次苹果下落与以往无数次苹果下落不同，因为它引起了牛顿的注意。牛顿从苹果落地这一理所当然的现象中找到了苹果下落的原因——引力的作用，这种来自地球的无形的力拉着苹果下落，正像地球拉着月球，使月球围绕地球运动一样。

这个故事据说是由牛顿的外甥女巴尔顿夫人告诉法国哲学家、作家伏尔泰之后流传起来的。伏尔泰将它写入《牛顿哲学原理》一书中。牛顿家乡的这棵苹果树后来被移植到剑桥大学中。

牛顿去世后，他被当作发现宇宙规律的英雄人物继而被赋予传奇色彩，牛顿与苹果的故事更是广为流传。但是事实是否如此却无从找到其他史料加以考证。

牛顿与微积分

牛顿在数学领域最伟大的贡献是发明了微积分。

微积分，数学概念，是高等数学中研究函数的微分、积分以及有关概念和应用的数学分支。它是数学的一个基础学科，内容主要包括极限、微分学、积分学及其应用。

然界的现象和问题保持着好奇心，尝试去解决和理解这些问题。传统观念认为行星的运动是由某种神秘的力量驱动的，但牛顿敢于质疑并尝试寻找科学的解释，最终提出了引力定律，为后来的物理学奠定了坚实的基础。牛顿在探索自然规律的道路上遇到了种种困难和挑战，但他从不轻易放弃，通过坚韧不拔的精神终于取得了重大的科学发现。

17 世纪下半叶，在前人工作的基础上，英国大科学家牛顿和德国数学家莱布尼茨分别在自己的国度里独自研究和完成了微积分的创立工作，虽然这只是十分初步的工作。牛顿和莱布尼茨建立微积分的出发点是直观的无穷小量，因此这门学科早期也称为无穷小分析，这正是现时数学中分析学这一大分支名称的来源。牛顿研究微积分着重于从运动学来考虑，莱布尼茨却是侧重于几何学来考虑的。

牛顿在 1671 年写了《流数术和无穷级数》，这本书直到 1736 年才出版，他在这本书里指出：变量是由点、线、面的连续运动产生的，否定了以前自己认为的变量是无穷小元素的静止集合。他把连续变量叫作流动量，把这些流动量的导数叫作流数。

牛顿在流数术中所提出的中心问题是：已知连续运动的路径，求给定时刻的速度（微分法）；已知运动的速度，求给定时间内经过的路程（积分法）。

微积分学的创立，极大地推动了数学的发展，过去很多用初等数学无法解决的问题，运用微积分，往往迎刃而解，显示出微积分学的非凡威力。

相信你已经掌握有关微积分的背景知识了，那就试一试能不能解决下面的问题吧！

哪位科学家对微积分做出了重大贡献？

A. 牛顿　　B. 伽利略　　C. 爱因斯坦　　D. 达·芬奇

牛顿通过苹果掉落，发现了什么力的作用？

A. 浮力　　B. 摩擦力　　C. 引力　　D. 弹力

欧拉的智慧

 物小记

莱昂哈德·保罗·欧拉（Leonhard Euler, 1707—1783），瑞士数学家、物理学家。近代数学先驱之一，他一生大部分时间在俄国和普鲁士度过。

欧拉在包括微积分和图论在内的多个数学领域都做出过重大贡献。他首次引进的许多数学术语和书写格式一直沿用至今。此外，他还在力学、流体动力学、光学、天文学和乐理领域有突出的贡献。

欧拉是 18 世纪杰出的数学家，同时也是有史以来最伟大的数学家之一。他也是一位多产作者，其学术著作有 800 多种。

欧拉 1707 年 4 月 15 日出生于瑞士的巴塞尔，1783 年 9 月 18 日于俄国圣彼得堡去世。欧拉出身于牧师家庭，自幼受父亲的影响。13 岁时入读巴塞尔大学，15 岁大学毕业，16 岁获得硕士学位。欧拉是 18 世纪数学界最杰出的人物之一，他不但为数学界做出贡献，更把整个数学推至物理的领域。他是数学史上最多产的数学家，平均每年写出 800 多页的论文，还写了大量的力学、分析学、几何学、变分法等课本，《无穷小分析引论》《微分学原理》《积分学原理》等都成为数学界的经典著作。

欧拉小时候，放学回家后帮爸爸放羊，他一面放羊，一面读书。

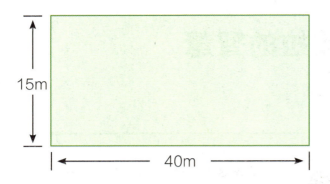

15m

40m

爸爸的羊渐渐增多了，达到了 100 只。原来的羊圈有点小了，爸爸决定建造一个新的羊圈。

他用尺量出了一块长方形的土地，长 40 米，宽 15 米，他一算，面积正好是 600 平方米，平均每一头羊占地 6 平方米。他发现他的材料只够围 100 米的篱笆。若要围成长 40 米、宽 15 米的羊圈，其周长将是 110 米（15+15+40+40=110）。父亲感到很为难。

小欧拉却向父亲说，不用缩小羊圈，他有办法。父亲不相信小欧拉会有办法，心想："世界上哪有这样便宜的事情？"但是，小欧拉却坚持说，他一定能两全其美。父亲终于同意让儿子试试看。

小欧拉见父亲同意了，站起身来，跑到准备动工的羊圈旁。他以一个木桩为中心，将原来的 40 米边长截短，缩短到 25 米。跑到另一条边上，将原来 15 米的边长延长，又增加了 10 米，变成了 25 米。经这样一改，原来计划中的羊圈变成了一个边长 25 米的正方形。

来解决困难。欧拉对知识的渴望和追求使他在年幼时就进入了大学，并成为巴塞尔大学最年轻的学生之一。他持续不断地学习和探索新的领域，将数学扩展到物理学等其他领域。尽管父亲起初对欧拉提出的解决方案表示怀疑，但欧拉坚持自己的想法，并成功地解决了羊圈的问题，展现了坚定的信念和自信心。

父亲照着小欧拉设计的羊圈扎上了篱笆，100 米长的篱笆真的够了，不多不少，全部用光。面积也足够了，而且还稍稍大了一些。

通过这件事，父亲感到让这么聪明的孩子放羊实在是可惜了。后来，他想办法让小欧拉认识了一个大数学家伯努利。通过这位数学家的推荐，1720 年，小欧拉成了巴塞尔大学的大学生。这一年，小欧拉 13 岁，是这所大学最年轻的大学生。

一些看似很难的问题，其实并不难，只要你肯开动脑筋，转换思路，就会变得容易解决。数学本就是一种思维游戏，小欧拉正是用了空间想象完美解决了这个问题，他这种善于思考的精神值得我们学习。

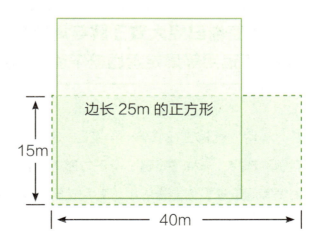

边长 25m 的正方形

15m

40m

为什么相同周长下，正方形比长方形的面积更大呢？这可以用等周定理来解释。等周定理，又称等周不等式，是几何中的一个不等式定理，说明了欧几里得平面上的封闭图形的周长及其面积之间的关系。其中的"等周"指的是周界的长度相等。等周定理说明在周界长度相等的封闭几何形状之中，圆形的面积最大；另一个说法是面积相等的几何图形之中，圆形的周界长度最小。其中，由于正方形在四边形中最接近圆形，所以相同周长下，正方形比长方形的面积更大。

虽然等周定理的结论早已为人所知，但要严格地证明这一点并不容易。首个严谨的数学证明直到 19 世纪才出现。1838 年，雅各·史坦纳以几何方法证明若答案存在，答案必然是圆形。不久之后他的证明被其他数学家完善。1901 年，阿道夫·赫维兹凭傅里叶级数和格林定理给出一个纯解析的证明。

相信你已经大致了解等周定理了，那就尝试一下运用等周定理回答下面的问题吧！

小明的爸爸正在修建一个花园，他希望花园的周长等于 20 米。他有两种选择：一种是修建一个正方形花园，一种是修建一个长方形花园。根据等周定理，你能告诉小明哪种花园的面积更大吗？

拉格朗日的数学之路

 物小记

约瑟夫·拉格朗日（Joseph Louis Lagrange，1736—1813），法国籍意大利裔数学家、力学家和天文学家。

拉格朗日曾为普鲁士腓特烈大帝在柏林工作了 21 年，被腓特烈大帝称作"欧洲最伟大的数学家"，后受法国国王路易十六的邀请定居巴黎直至去世。拉格朗日才华横溢，在数学、物理和天文等领域做出了重大的贡献，其中尤以数学方面的成就最为突出。他的成就包括著名的拉格朗日中值定理，创立了拉格朗日力学，等等。1813 年 4 月 3 日，拿破仑授予他帝国大十字勋章，但此时的拉格朗日已卧床不起，4 月 11 日早晨，拉格朗日逝世。

拉格朗日出生在意大利的都灵。由于是长子，父亲一心想让他学习法律，然而，拉格朗日对法律毫无兴趣，偏偏喜爱上文学。

直到 16 岁时，拉格朗日仍十分偏爱文学，对数学尚未产生兴趣。16 岁那年，他偶然读到一篇介绍牛顿微积分的文章《论分析方法的优点》，使他对牛顿产生了无限崇拜和敬仰之情，于是，他下决心要成为牛顿式的数学家。

在进入都灵皇家炮兵学院学习后，拉格朗日开始有计划地自学数学。由于勤奋刻苦，他进步很快，尚未毕业就担任了该校的数学教学工作。20 岁时就被正式聘任为该校的数学副教授。从这一年起，拉格朗日开始研究"极大和极小"的问题。他采用的是纯分析的方法。1758 年 8 月，他把自己的

研究方法写信告诉了欧拉，欧拉对此给予了极高的评价。从此，两位大师开始频繁通信，就在这一来一往中，诞生了数学的一个新的分支——变分法。

1759 年，在欧拉的推荐下，拉格朗日被提名为柏林科学院的通讯院士。接着，又当选为该院的外国院士。

1762 年，法国科学院悬赏征解有关月球何以自转，以及自转时总是以同一面对着地球的难题。拉格朗日写出一篇出色的论文，成功地解决了这一问题，并获得了科学院的大奖。拉格朗日的名字因此传遍了整个欧洲，引起世人的瞩目。两年之后，法国科学院又提出了木星的 4 个卫星和太阳之间的摄动问题的所谓"六体问题"。面对这一难题，拉格朗日毫不畏惧，经过数个不眠之夜，他终于用近似解法找到了答案，从而再度获奖。这次获奖，使他赢得了世界性的声誉。

此外，拉格朗日还发展了一般拉格朗日公式，用于确定连续动力系统的运动方程。这个公式对于设计航空和天文学等复杂的动态系统尤其有用。拉格朗日开发了拉格朗日插值法和拉格朗日定理，这些成果对数学分析、物理学、工程学等产生了深远的影响，至今仍被广泛应用。

品德银行

坚定理想

克服困难

坚持不懈

刻苦钻研

拉格朗日在面对问题时，不断地克服困难，努力钻研，争取解答问题时用好的方法，最终在他的坚持不懈下，他所做出的贡献为后人所运用。

函数？ 导数？

1797年，拉格朗日中值定理由法国数学家约瑟夫·拉格朗日在《解析函数论》中首先提出，并提供了最初的证明。拉格朗日中值定理沟通了函数与其导数的联系。那么，什么是函数，什么是导数呢？

函数的传统定义是：在一个变化过程中，假设有两个变量 x、y，如果对于任意一个 x 都有唯一确定的一个 y 和它对应，那么就称 x 是自变量，y 是 x 的函数。x 的取值范围叫做这个函数的定义域，相应 y 的取值范围叫做函数的值域。

导数也叫导函数值。又名微商，是微积分中的重要基础概念。当函数 $y=f(x)$ 的自变量 x 在一点 $x0$ 上产生一个增量 Δx 时，函数输出值的增量 Δy 与自变量增量 Δx 的比值在 Δx 趋于 0 时的极限 a 如果存在，a 即为在 $x0$ 处的导数，记作 $f'(x0)$ 或 $df(x0)/dx$。

导数是函数的局部性质。一个函数在某一点的导数描述了这个函数在这一点附近的变化率。

然而，不是所有的函数都有导数，一个函数也不一定在所有的点上都有导数。若某函数在某一点导数存在，则称其在这一点可导，否则称为不可导。

同学们，还记得函数和导数的关系是什么吗？将它写下来吧！

善于动脑的高斯

约翰·卡尔·弗里德里希·高斯（C.F.Gauss，1777—1855），德国数学家、物理学家、天文学家、大地测量学家。高斯生于不伦瑞克。1796 年，高斯证明了可以尺规做正十七边形。1807 年高斯成为哥廷根大学教授和哥廷根天文台台长。1818—1826 年间，汉诺威公国的大地测量工作由高斯主导。1840 年，高斯与韦伯一同画出世界上第一张地球磁场图。高斯是历史上最伟大的数学家之一，并享有"首席数学家"的美誉。

　　高斯是德国伟大的数学家。小时候，高斯家里非常穷，冬天，爸爸总是要他早早地上床睡觉，好节省燃油。可是高斯很喜欢看书，于是他找出一棵芜菁（像萝卜的一种植物）把中心挖空，塞进棉布卷当灯芯，淋上油脂点火看书，一直到累了才钻入被窝睡觉。他不仅爱阅读，还特别爱动脑筋，遇到难题总会想办法解决。

　　有一天，高斯的数学老师布特纳本来想用一道难题让全班的同学安静一节课的时间，于是便在黑板上写下了这样一道题：1+2+3+…+98+99+100=? 同学们都拿出练习本赶紧算起来。没有想到小高斯只用了一两分钟就说出了答案。他把 1、2、3……分别和 100、99、98……结对子相加，就得到 50 个 101，最后轻易算出从 1 加到 100 的和是 5050。这一年高斯 10 岁。

$$1+ \quad 2+ \quad 3+\cdots+ \quad 99+100$$
$$100+ \quad 99+ \quad 98+\cdots+ \quad 2+ \quad 1$$
$$101+101+101+\cdots+101+101$$

有 **50 个** 101

布特纳对他刮目相看，特意买了最好的算术书送给高斯，说："你已经超过了我，我没什么东西可以教你了。"

高斯 19 岁时在德国哥廷根大学求学，一天导师布置给他三道数学题。前两道题在两个小时内就顺利完成了。第三道题写在另一张小纸条上：要求只用圆规和一把没有刻度的直尺，画出一个正十七边形。他感到非常吃力。时间一分一秒过去了，第三道题却毫无进展。困难反而激起了他的斗志：我一定要把它做出来！他拿起圆规和直尺，尝试着用一些超常规的思路去寻求答案。当窗口露出曙光时，高斯长舒了一口气，他终于完成了这道难题。第二天导师接过作业一看，当即惊呆了。他问高斯："这是你自己做出来的吗？"高斯回答道："是我做的。但是我花了一个通宵。"导师请他坐下，让他当着自己的面再做出一个正十七边形。高斯很快就完成了。导师激动地对他说："你知不知道？你解开了一道有 2000 多年历史的数学难题！"每当高斯回忆起这一幕，总是说："如果有人告诉我这是一道2000 多年的难题，我可能永远也没信心把它解出

求知若渴

坚持不懈

敢于创新

善于思考

高斯对知识和阅读有着强烈的渴望，尽管家境贫困，但他仍然坚持学习并喜欢思考，对未知的世界充满好奇。高斯对待数学难题的态度是充满斗志和决心的，他愿意付出时间和努力来克服困难。高斯在解决数学难题时展现出超常规

的思维方式，说明他不受传统方法的束缚，尝试采用创新的方法和思路，通过自己的努力和智慧找到解决问题的途径。高斯在布特纳老师面前展现出了极高的学习能力，使老师刮目相看，并在大学时代继续学习，通过自己的努力解决了一道历史难题，说明了他善于开动脑筋，运用自己掌握的知识解决问题。

来。"

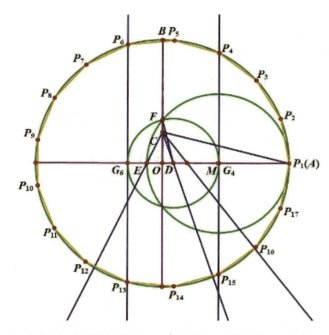

高斯在大学毕业前，开始撰写《算术研究》一书。前后花了三年时间，终于成书。当高斯把手稿寄给法国科学院请求出版时，却遭到了拒绝。于是，高斯只有自己筹钱出版。

书籍的发表，引起了广大青年数学家的青睐和关注，大家纷纷购买此书并加以研究。当时 68 岁的拉格朗日都致信高斯表示祝贺。晚年的高斯在谈到这部书时也说："《算术研究》是历史的财富。"

人们一直把高斯的成功归功于他的"天才"，他自己却说："假如别人和我一样深刻和持续地思考数学真理，他们会做出同样的发现。"

严谨的数列

数列是按照一定规律排列的一系列数值的集合，像上面的例子 {1、2、3……98、99、100} 中，每个相邻的数之间的差都是1。在这种数列里，每个相邻的数之间都相差一个恒定的值，那么就可将这样的数列称为"等差数列"，其中这个恒定的值就是"公差"，每一个数都构成了这个数列的项。

像上面的例子 {1、2、3……98、99、100}，就是一个以1为公差的等差数列。而在 {1、3、5、7、9……97、99} 里，就是一个以2为公差的等差数列啦！

怎么样，数列是不是很严谨呀？

相信你已经知道什么是等差数列了，那就利用你所学到的知识挑战下面的难题吧！

问题：下面是一个数列：2、5、8、11、14……请问这个数列是什么类型的数列？

| A. 等差数列 | B. 等比数列 |
| C. 质数数列 | D. 奇数数列 |

请小朋友开动脑筋，相信你能行的！

传奇的数学家格·黎曼

格·黎曼(Georg Friedrich Bernhard Riemann，1826—1866)，是德国著名的数学家，他在数学分析和微分几何方面做出过重要贡献，他开创了黎曼几何，并且给后来爱因斯坦的广义相对论提供了数学基础。

1832 年，6 岁的黎曼开始跟随父亲学习算术，不出半个月，父亲便发现小黎曼不仅算数特别快，而且思路清晰，甚至还喜欢出题考别人。短短几年，小黎曼的数学水平就已经超出了父亲，父亲不得不为他找来一位专业的数学老师，以学习更高级的算术和几何。结果黎曼的数学老师很快也发现黎曼的数学天赋简直惊人，某些地方的见解甚至远远超过自己。你以为这就很夸张了？不，这还仅仅是刚开始。

1846 年，迫于生计，黎曼按照父亲的意愿进入了哥廷根大学，学习哲学和神学。如果你认为黎曼通往天才的道路会因此受阻，那么你就多虑了。因为在此期间，黎曼并未放弃他钟爱的数学，反而研究得更加深入。他先后去听了一些数学讲座，包括高斯关于最小二乘法的讲座，这些讲座使黎曼愈发清楚，自己的愿望是探索那神奇奥妙的数学，而不是子承父业成为一名受人尊敬的牧师。思索再三，黎曼向父亲提出了自己的想法，开始改学数学，而黎曼的老师就是拥有"数学王子"美誉的高斯。

一次，黎曼拿了巨著《数论》回家阅读，居然花了六天的时间就把里面的内容研究得明明白白，而且即使过了好几个月，他还是清楚记得书本的内容。

黎曼几乎每天都会去一趟校长的藏书阁，而且一有不懂的问题，就会向校长请教，校长也很热心帮助他解答问题。黎曼抓紧每一秒的时间自学许多数学家的著作，后来他甚至通过欧拉的书籍掌握了微积分及其分支，还学到了欧拉研究数学的技巧。

黎曼是世界数学史上最具独创精神的数学家之一。他的著作不多，却在众多领域做了奠基性工作。他的每一篇论文都能开创出数学中一个全新的领域，并且直接影响19世纪后半期的数学发展。他从几何方向开创了复变函数论，是现代意义的解析数论的奠基者。他亲手建立了黎曼几何，是组合拓扑学的开拓者。他对微积分的严格处理做出了重要贡献，在数学物理和微分方程领域也成果丰硕。在黎曼思想的影响下，许多杰出的数学家在各自的分支中都取得了辉煌成就。

品德银行

刻苦钻研

求知若渴

坚定信念

勇于挑战

黎曼在数学领域很早就展露出来自己的能力，他求知若渴，努力去钻研，不懂的问题向优秀的人请教，通过自己的努力，最终获得了巨大的成就。

黎曼猜想

波恩哈德·黎曼是一位极具想象力的科学家，尽管他一生只活了 40 年，但他的研究足以让人珍藏。不仅如此，他去世后还给大家留下一个"猜想"，猜想什么？其中是不是有什么故事？

1859 年，黎曼被选为柏林科学院的通讯院士。作为对这一崇高荣誉的回报，他向柏林科学院提交了一篇题为"论小于给定数值的素数个数"的论文。这篇只有短短 8 页的论文就是黎曼猜想的"诞生地"。

黎曼那篇论文所研究的是数学家们长期以来就很感兴趣的问题，即素数的分布。素数又称质数。质数是像 2、3、5、7、11、13、17、19……那样大于 1 且除了 1 和它自身以外不能被其他正整数整除的自然数。质数的定义简单得可以在中学甚至小学课上进行讲授，但它们的分布却奥妙得异乎寻常，数学家们付出了极大的心力，却迄今仍未能彻底了解。

黎曼论文的一个重大的成果，就是发现了质数分布的奥秘完全蕴藏在一个特殊的函数之中，尤其是使那个函数取值为 0 的一系列特殊的点对质数分布的规律有着决定性的影响。那个函数如今被称为黎曼 ζ 函数，那一系列特殊的点则被称为黎曼 ζ 函数的非平凡零点。

有意思的是，黎曼那篇文章的成果虽然重大，文字却极为简练，甚至简练得有些过分，因为它包括了很多"证明从略"的地方。而要命的是，"证明从略"原本是应该用来省略那些显而易见的证明的。黎曼的论文却并非如此，他那些"证明从略"的地方有些花费了后世数学家几十年的努力才得以补全，有些甚至直到今天仍是空白。但黎曼的论文在为数不少的"证明从略"之外，却引人注目地包含了一个他明确承认了自己无法证明的命题，那个命题就是黎曼猜想。

　　黎曼猜想自 1859 年"诞生"以来，经过了 100 多年的历史，在这期间，它就像一座巍峨的山峰，吸引了无数数学家前去攀登，却谁也没能登顶。

　　数学并不是枯燥的阿拉伯数字，数学是充满想象力的。我们所学的公式定理总是那么言简意赅又充满神奇。让你印象最深、觉得最有意思的数学公式或定理是哪个呢？为什么？写下来一起分享吧！

坚强聪慧的索菲娅

人物小记

索菲娅·瓦西列夫娜·科瓦列夫斯卡娅
（1850—1891），俄国女数学家。德国哥廷根大
学哲学博士。曾任瑞典斯德哥尔摩大学教授。在
偏微分方程和刚体旋转理论等方面有重要贡献。
1888 年因解决刚体绕定点旋转问题而获得法兰
西科学奖金，并成为圣彼得堡科学院通讯院士，
是俄国历史上获此称号的第一个女性。

索菲娅·科瓦列夫斯卡娅除了在数学、物
理方面的成就外，她还是一个出色的作家。她创
作了一系列剧本、中篇小说、诗歌、随笔和小品，
其中很多都是她生前未曾发表的。

索菲娅的祖父和外祖父都是科学家，他们可能把数学的天赋传给了索菲
娅。而索菲娅的爸爸是一位将军，所以她可能从爸爸那里遗传了坚强的性格。
索菲娅的爸爸为她请了两位家庭教师，不久之后，索菲娅就能够独立解决最
难的数学问题了。大家都很惊讶的是，她自己"猜出"了三角函数的意义，
并且自己找到了三角函数的公式。

索菲娅·科瓦列夫斯卡娅从小就对数学感兴趣，而且有很强的好奇心和
渴望学习的欲望。她 8 岁的时候，全家搬到了波里宾诺田庄。家里带去的墙
纸不够用，于是爸爸妈妈就在她的房间里用数学家奥斯特洛格拉德斯基写的
微积分书来装饰墙壁。那时，索菲娅常常独自坐在房间里，看着墙上的数字

学而不倦

独立坚强

坚持不懈

百折不挠

索菲娅有强烈的好奇心和学习欲望，常常独自坐在房间里阅读数学书籍，并尝试理解和解决书上的内容。索菲娅的爸爸是一位将军，她从爸爸那里遗传了坚强的性格，这种坚韧不拔的品质在她的学习和求学之路上起到了重要作用。

和符号，陷入沉思，有时候坐好几个小时。后来，索菲娅在自传中写道："我常常坐在那神秘的墙前，试图理解书上的内容，找出这些页面的正确次序。通过反复阅读，书上奇怪的公式和文字描述在我的脑海里留下了深刻的印象，尽管当时我还不完全懂它们。"

在当时的俄罗斯，女孩子的教育并不受重视，只有男孩子才能接受高等教育。索菲娅本来只能早早结婚，做一个家庭主妇，过平凡的生活。但是幸运的是，她的邻居是一位数学教授，他发现了她的数学天赋。教授找到了索菲娅的爸爸，对他说，你的女儿有非凡的才能，将来会成为俄罗斯数学史上的明星，她应该接受更好的教育。

在教授的建议下，家人送索菲娅出国读书。1869 年，索菲娅来到德国的海德堡大学做旁听生，但她想跟随柏林大学的著名数学家魏尔斯特拉斯学习。可是，柏林大学不允许女孩子上课。坚定的索菲娅私下里找到了魏尔斯特拉斯，魏尔斯被她的诚心打动，决定给这个有志向的女学生单独授课。1888 年，索菲娅成功解决了让数学家们困惑了一百多年的"数学问题"，因此获得了著名的"鲍廷奖金"。1874 年，凭借魏尔斯特拉斯的推荐，开明的哥廷根大学授予她哲学博士学位。

索菲娅获得博士学位后回到了俄罗斯，但是在国内，她无法争取到任何大学的教职。于是，她结婚了，做了一段时间家庭主妇，直到1884年，她的丈夫去世了，索菲娅应邀去瑞典的斯德哥尔摩大学任教。五年后，她被任命为终身教授。1888年，她解决了"刚体围绕固定点旋转"的问题，获得了法兰西科学院的奖金。一年后，俄罗斯科学院也承认了她的成就，她也当选为圣彼得堡科学院院士，这时她才39岁。

索菲娅风华正茂，荣耀加身，原本正是数学事业大放异彩的时候，不幸的是，她在一次旅途中染上了风寒，由于没能及时休息，以致卧床不起，不久便与世长辞，终年只有41岁。

别样的方程

> 索菲娅·科瓦列夫斯卡娅的主要研究领域在常微分方程。她完成了柯西的思想——偏微分方程理论一个基本重要定理：柯西—科瓦列夫斯卡娅定理。

尽管在当时的俄罗斯，女孩子的教育并不受重视，但索菲娅没有放弃，坚定地追求数学学习，私下里找到了魏尔斯特拉斯，最终成功得到教授单独授课的机会，并在柏林大学解决了困扰数学家们一百多年的问题。面对丈夫去世和家庭的困境，索菲娅没有放弃自己的事业，而是接受了瑞典大学的聘请，成为一名终身教授，并继续做出优秀的数学研究成果。